THE PENITENCE OF ADAM

CORPUS

SCRIPTORUM CHRISTIANORUM ORIENTALIUM

EDITUM CONSILIO

UNIVERSITATIS CATHOLICAE AMERICAE

ET UNIVERSITATIS CATHOLICAE LOVANIENSIS

Vol. 429

SCRIPTORES ARMENIACI

TOMUS 13

THE PENITENCE OF ADAM

EDITED

BY

MICHAEL E. STONE

LOVANII

IN AEDIBUS E. PEETERS

1981

ISBN 2-8017-0167-X

D/1981/0602/5

Imprimerie Orientaliste, s.p.r.l., Louvain (Belgique)

For
Aurit and Dan

PREFACE

This edition of the *Penitence of Adam* has been many years in the making. His Grace, Archbishop Norayr Bogharian first drew my attention to this work and kindly granted me permission to use the manuscripts in the Library of the Armenian Patriarchate of Jerusalem. The authorities of the Matenadaran, Mashtotz Library of Ancient Manuscripts in Erevan generously supplied me with a microfilm copy of their manuscript of the work. Thomas J. Samuelian was king enough to check the collations. Jason D. Zweig assisted in verifying the references in the notes on the translation. Mr. G. Tsitsuashvili read and translated the Introduction to the Georgian version for me. The research funds of the Hebrew University of Jerusalem supported the necessary photographic work. The final stage of the work was completed at the Netherlands Instituts for Advanced studies in Wassenaar. My thanks are expressed to them all.

Jerusalem, 1.9.80.   Michael E. STONE

INTRODUCTION

The work published here is entitled by the manuscripts, with some slight variation, *The Penitence of Our Father Adam*. It is an Armenian Adamic writing, distinct from the previously known Armenian version of the Greek *Apocalypse of Moses*. Its general character and relationship with the Greek, Latin and other Adamic books are discussed in the "Introduction" to the English translation of the book.

MANUSCRIPTS

The *Penitence of Adam* is published here on the basis of three manuscripts. These are the following:

A   Jerusalem, Armenian Patriarchate, no. 1458, pp. 380-431. The manuscript is a Miscellany, probably of the seventeenth century;[1]

B   Jerusalem, Armenian Patriarchate, no. 1370, pp. 127-150. The manuscript is a Miscellany, probably of the seventeenth century;[2]

C   Erevan, Matenadaran, no. 3461, fols. 66r-87v. The manuscript is a Miscellany, written in Tʻoxatʻ in the year 1662.[3]

None of these manuscripts has any claim to great antiquity, They are all written in the *notragir* script, the first of them in a particularly inelegant form of it.

Unfortunately, neither B nor C is preserved in full. B starts on p. 127 of the manuscript with the middle of chapter 19. This page is the first in a quire and has the quire number "13" at its foot. Presumably a preceding quire has been lost, and this contained the first part of the *Penitence of Adam*. As far as manuscript C is concerned, all of its pages seem to have been preserved. Alas, this manuscript has suffered extensive water damage at the outer edges of all leaves, particularly in the upper corners. This has caused discolouration and, on quite a number of folios the text

---

[1] See N. BOGHARIAN, *Grand Catalogue of St. James Manuscripts*, Vol. 5 (Jerusalem: St. James, 1971), 158-165 (in Armenian). He published some excerpts from the text on pages 161-162,

[2] BOGHARIAN, *ibid*, 4-6. Some excerpts from the text were published there on pp. 4-5.

[3] See Ō. EGANYAN, A. ZEYTʻUNYAN and Pʻ. ANTʻABYAN, *Catalogue of the Manuscripts of the Mashtotz Library*, Vol. 1 (Erevan: Academy of Sciences, 1959) 1970 (in Armenian). My attention was first drawn to this copy by the notice of it in H. ANASYAN, *Armenian Bibliology*, Vol. 1 (Erevan: Academy of Sciences, 1959), 242 (in Armenian).

is partly illegible for this reason. Apparently as a result of the same misfortune, part of certain folios has fallen away, causing greater or lesser lacunae. Such may be observed on fols. 66, 71, 72, 73, 74, 75, 86 and 87.

All three manuscripts are marked by vulgarisms and corruptions, at least if their language and orthography are judged by the criteria of Classical Armenian. Such vulgar spellings and anomalous forms are particularly rife in manuscript A.[4] In addition, all three manuscripts contain unique corruptions. They include the following;

MS A   3 *զիս* for *զնէզ*; 5 *աձիզ* for *աձի*; 6 *անձանձր* for *անձանձրբ*; 9 *զնէզ* for *զիս*; 17 omits phrases; etc;

MS B   44 (16) *զզարձեայլ*;

MS C   3 *յիս* for *կանիս*; 6 *աասգի*; 9 omission by homoeoteleuton; etc. Many clear corruptions are signalled by editor's comments in the apparatus.

THE TEXT AND APPARATUS

Since only MS A is completely preserved, it was decided to base the edition on this manuscript. The general principles of edition follow those of CSCO, as set forth by R. Draguet in Vol. 280, p. 70. This edition is consequently a diplomatic one of MS A, against which MSS B and C have been collated. Unfortunately, the text of this only complete manuscript is particularly badly marred by late and "vulgar" grammatical forms and orthographic features. On textual grounds, however, its text is neither better nor worse than the surviving parts of MSS B and C. In the lacuna of MS A from the middle of [44] (26) to the end of [44] (30) the text of C has been used.

The text of the edition departs from a *litteratim* transcripion of MS A in three sorts of cases. First, the vulgar spellings and strange orthographies have been adjusted to classical norms in the cases listed here without any note being made of this either in the text or in the apparatus.

-*ա* is corrected to - *այ*;

-*աե* is corrected to - *այե*;

-*աի* is corrected to - *այի*;

---

[4] See below, pp. X-XI, for a list of such characteristics of MS A. These serve as an example of the phenomenon mentioned here.

-*այ* is corrected to -*ա*;
անղի is corrected to *անտի*;
անցանացն is corrected to *յանցանացն*;
գ is corrected to *կ* and *կ* is corrected to *գ*;
է is corrected to *եա* in verbal and nominal *եալ*, —*եայ* etc.;
-*երրորդ* (ordinal numbers) is corrected to -*երորդ*;
զտ- is corrected to *զստ*-;
·*ը*· where superfluous is omitted;
խ is corrected to *ղ* and *ղ* is corrected to *խ*;
ճ is corrected to *ջ*;
ո is corrected to *աւ*;
-*ոյ*- is corrected to -*ո*-;
որժամ is corrected to *յորժամ*;
չ is corrected to *ջ* and *ջ* is corrected to *չ*;
պեղծ is corrected to *պիղծ*;
ռ is corrected to *ր*;
ս is corrected to *ղ*;
-*տ* is corrected to -*դ* (demonstrative);
ց is corrected to *ձ*.

All of these are purely orthographic and have no bearing on the substantive readings of the text.[5]

The second type of case in which the edition departs from the literal transcription of MS A is where the MS has a late verbal or nominal form while MSS B and/or C give a classical form. In such instances the classical form is introduced into the text while the reading of MS A is noted in the apparatus. No mark is introduced into the text to indicate this departure from the strictest diplomatic editorial practice.

Third, in a very few cases, where the reading of MS A reduces the text to gibberish while that of MSS B and/or C is clearly preferable to it, the reading of MSS B and/or C is introduced into the text. Such cases are always marked by pointed brackets in the text itself. This is also the practice in the very few instances, particularly in lacunae, in which the editor has intervened in the text. Naturally, in line with the general principles of this edition, the number of such cases has been kept to a bare minimum. The text has also been repunctuated, although the usage of the manuscript is preserved as far as is consonant with intelligibility. Capitalization has been introduced.

[5] Armenian dialectologists might point out that certain of these confusions arise because one stage of the transmission involved a scribe much influenced by "western" phoenetic developments.

It is the editor's hope that the above peripheral ameliorations of the late spellings and most egregious of the errors will serve to make the Armenian text published here more readily comprehensible.

The apparatus is recorded following the system outlined by R. Draguet, *loc. cit.*. Pointed brackets in the text serve to indicate the words or letters they enclose, even where they do not bear their own index. In all other cases, the following rules apply:

1. A simple index refers to the preceding word;
2. A half-square bracket followed by an index two or more words later refers to the words so enclosed;
3. An asterisk inside a phrase so enclosed indicates that a variant is recorded to the single word it follows. This variant is recorded in the apparatus following the variants to the whole phrase.

In addition to the variant readings preserved by the MSS, the apparatus also records certain editor's comments. These may occur directly following the siglum, or else following a colon. Directly following the siglum are the notations "lege", indicating that the reading so marked is preferable to that in the text, or "perhaps recte", indicating that the reading so marked is perhaps preferable to that in the text. All the other editor's comments follow a colon, set after the sigla. These other comments are of two types: an observation on the reading, e.g. "corrupt", "hmt (= homoeoteleuton)", etc.; or else comparative material from elsewhere in the book or from the Greek or Latin versions. The latter type of comment usually supports a "lege" notation and the parallels provide the basis for the editor's judgement.

For the Latin *Vita Adae et Evae* the edition by Meyer has been consulted and for the Greek *Apocalypse of Moses* the edition by Tischendorf, supplemented by the collations of Nagel.[6]

The critical apparatus records all cases in which the MSS vary from the text adopted for the edition, with the following exceptions:

1. Corrections by the original scribe in cases in which the text as originally written (not the correction) is not corroborated by any other witness.
2. Orthographic variants of the following types: *ււ/o*, (*ււ* predominates in MS A and *o* in MSS B and C); - *այ/-ա*; *-ոյ/-ո*; *և/ է* (except as numerals);
3. *թէ/էթէ*.

---

[6] W. MEYER, *Vita Adae et Evae* (Munich: K. Akademie, 1897); C. VON TISCHENDORF, *Apocalypses Apocryphae* (Leipzig: 1866), 1-23; M. NAGEL, *La Vie grecque d'Adam et d'Ève* (dissertation; Strassbourg: 1972), Part 2; "L'Édition de texte".

CHAPTER DIVISIONS

The text has been divided into sections which are called "chapters". These correspond, as closely as possible, to the divisions of the Latin *Vita Adae et Evae*, as accepted by Meyer in his edition. A substantial part of the Armenian *Penitence of Adam* is also paralleled by the Greek *Apocalypse of Moses*. Where this is the case, the chapter divisions of the Greek work are also indicated. They are enclosed in parentheses. For this numbering the usage of Tischendorf is followed.

In certain cases, the material properly subsumed under one Latin chapter number corresponds to a number of different Greek chapters. In such instances, the Latin chapter number is repeated at the start of each "Greek" chapter, e.g. 22(1), 22(2), 24(4) and 24(5). Where Latin chapters are not paralleled in Greek, then no "Greek" numbers are given. Where Armenian and Greek share text that is not found in Latin, then the last "Latin" number is repeated and set inside a square bracket at the start of each "Greek" chapter. This procedure ensures a consecutive numbering of the sections throughout the work.

EVALUATION OF THE READINGS

None of the manuscripts seems to show distinctly more readings like those found in the Greek or Latin books than any of the others. Further, each of the manuscripts contains unique corruptions, not found in the other two. It follows, therefore, that none of the manuscripts is a copy of either of the others and none seems particularly closer to the presumed original than any of the others. Therefore, the readings of the manuscripts were evaluated individually and those readings which are marked as preferable are clearly so on inner-Armenian grounds or on the basis of comparison with the other versions.

DATE OF THE ARMENIAN TEXT

The document is written in "classical" Armenian. Other than the orthographic pecularicies of individual manuscripts, nothing makes the language particularly late, nor does it bear unmistakable signs of great antiquity. Dating must be established, if at all, on grounds other than those inherent in the manuscripts themselves. The only possible hint at an ancient examplar is that MS A almost always has NL for *o* The other two manuscripts usually have *o*.

SIGNS AND ABBREVIATIONS

+	adds
/	end of page in MS
[ ]	lacuna
< >	material included in text from source other than MS A
.	(on line) illegible remains of letter
.	(over letter) partially preserved letter.
1⁰, 2⁰, etc.	(following word or letter) first, second, etc. occurrence of word in chapter or letter in word
A*, B*, C*	word as originally written by scribe
A°, B°, C°	word as corrected by the original scribe

cf.	compare
dttgr	dittography
Gk	Greek Apocalypse of Moses
haplgr	haplography
hmt	homoeoteleuton
Lat	Latin Vita Adae et Evae
lege	read
lett	letter, letters
ln	line
om	omit
recte	correctly
sic	thus
vacat	empty space in MS

ԱՊԱՇԽԱՐՈՒԹԻՒՆ ⸢ՆԱԽԱՀԱՒՐՆ <ՄԵՐՈՑ> ԱԴԱՄԱՅ [1]

1. Եւ եղև յելանելն Ադամայ [1] ի դրախտէ անտի, [2] Հանդերձ կնաւն իւրով, ի դուրս ի ⸢կողմ արևելից [3] դրախտին. և արարին իւրեանց տաղաւար բնակութեան, և մտին անդ, և իջանէին արտաասուք իւրեանց անդադար, [4] և եղեն զաւուրս իւրեանց միաբան լալով և տրտմութեամբ, և ⸢ասեն ցմիմեանս [5] եթէ Հեռացաք ի կենացս : Եւ [6] ապա յետ ⸢աւուրց ևթն [7] քաղցեան և խնդրէին կերակուր :

2. Եւ ասէ Եւա ցԱդամ. Տէր իմ քաղցեայ. արի խնդրեա կերակուր զի ապրեսցուք, և գիտասցուք եթէ գալոց է Աստուած և տանիցի զմեզ ի դրախտն, ի տեղի մեր : Ցարեան և շրջեցան ի վերայ երկրի, և ոչ գտին [1] կերակուր նման կերակրոյն [2] որով կերակրէին ի <դրախտին> [3] :

3. Եւ ասէ Եւա ցԱդամ. [1] Մեռանիմք ի սովոյ աւասիկ. երանի էր եթէ ես ⸢մեռեալն էի [2]. տէր իմ, թերեւս տանէին զիս [3] ի դրախտն, զի վասն իմ իցէ բարկացեալ Աստուած : Ասէ [4] Ադամ. Մեծ ցասումն Հասեալ է ի վերայ մեր, ոչ գիտեմ վասն քո եթէ վասն իմ : ⸢Ասէ ցն<ա> [5] Եւա. Եթէ կամիս [6], սպան զիս. զի դադարեսցէ ⸢ցասումն և բարկութիւն [7] յերեսաց քոց, զի վասն իմ եղեւ այդ, և տանիցեն զքեզ ⸢ի դրախտ անդ [8] : Ասէ ցնա Ադամ. Մի՛ Եւա յիշեսցես [9] ⸢զայդ բան, [10] զուցէ ածիցէ ⸢Աստուած ի վերայ մեր [11] այլ ևս չարիս [12] յոլովագոյն, և իբրեւ այպանողք լինիմք. [13] իսկ զիա՞րդ կարեմ [14] չար ինչ առնել քեզ, զի մարմին իմ ես դու :

Title [1] *ադամա նախաՀօր մերոյ* C, <   > *մերում* A

1 [1] om C — [2]+ *և ել* C — [3] *կողմն յարևելից* C — [4] om C — [5] .]//*ան ի բնակութեան իւրեանց* C — [6] om C — [7] *է. աւուրն* C : corrupt cf. Lat

2 [1] *գտան* A — [2] *կերակրին* A — [3] *դրախտն* A

3 [1]+ *իսկ* C — [2] *մեռանէի* C — [3] *զքեզ* C lege : cf. Lat te — [4] *և ասէ ցնա* C — [5] *ասէ ցն* A c. 4] *նա* C — [6] *յիս* C : corrupt cf. Lat — [7] *բարկութիւնն աստուծոյ* C — [8] *անդր* C : A recte cf. Lat — [9]+ *դու* C — [10] *զբանդ զայդ* C — [11] *ի վերայ մեր աստուած* C — [12] *չարիք* A — [13] *լինիմ*[. C — [14]+ *ես* C

4. Աւէ [1] Եւա. Արի զի խնդրեսցուք [2] կերակուր բանճարոյ [3]. <խնդրեցին> [4] և ոչ գտին կերակուր [5] . . . [6] քանզի զայս ⌜կերակուր բանճարոյ [7] Հաստատեաց Աստուած կերակուր [8] գազանաց զի կերիցեն [9] յերկրի. այլ մեր կերակուր այն է ⌜զոր Հրեշտակքն կերակրին [10] : Արի [11] ապաշխարեսցուք աւուրս քառասուն, թերեւս գթասցի Աստուած ի մեզ և տացէ [12] կերակուր որ լաւագոյն [13] իցէ քան զգազանացն, զի մի նմանեսցուք [14] նոցա : Աւէ Ադամ ցԵւա. [15] Զո՞ր աւրինակ ապաշխարես դու, կամ ⌜քան՞ի աւր [16] կարես [17] Համբերել վաստակոց. [18] գուցէ սկսանիցիս և ոչ կարես ապաշխարել, [19] և ոչ լուիցէ Աստուած. զի զոր ի սկզբանէ [20] ստացաք [21] և ոչ ⌜կարացաք պաՀել [22] :

5. Աւէ [1] Եւա. Տուր ինձ զթիւ աւուրցն զոր խորՀեցայց ապաշխարել, գուցէ երկայնիցեն [2] աւուրքն. քանզի ես ածից [3] ի վերայ քո զապաշխարութիւնդ զայդ :

6. Աւէ [1] Ադամ. Ոչ կարես Համբերել զայդչափ [2] աւուրս որպէս և ես, այլ արա դու զոր ինչ ասացից [3] քեզ [4] և կաց ի <նմին> [5] բանի: ⌜Աւէ Ադամ. [6] Ես լինիմ աւուրս քառասուն, աւելի քան զքեզ վեց աւր, [7] քանզի դու ստեղծար աւուրս [8] վեցերորդի զոր ստացաւ զարարածս իւր. արդ՝ արի այսուՀետեւ [9], գնա դու ի Տգրիս [10] գետ. և առ քար մի և դիր [11] ի ներքոյ ոտից քոց. և կաց դու ի ջուր անդ Հանդերձաւ [12] քո մինչև ցպարանոց քո. և մի ելցէ բան ի բերանոյ քումմէ աղաչել զԱստուած, քանզի անարժան եմք անձամ<բ>ք [13] և պիղծ են շրթունք մեր և չեն սուրբ, վասն յանցանացն զոր արարաք ի դրախտին [14] յուտելն մեր ի ծառոյ անտի. լռեալ կացցես անդ [15] ի մէջ ջրոյն մինչեւ ապաշ—

4 [1]+ ցնա C — [2]+ միաբան C — [3] բանճար C — [4] խնդրեսցին A — [5] ճարակ բանջարոյ նման որ ի դրախտին էր C lege : cf. Lat — [6] Both MSS defective here — [7] բանջար C — [8] om C — [9] կե[c.6 C — [10] զ[..] Հրշ [c.3] կ[.]րակրին C — [11] այլ C — [12] +մեզ C lege — [13] լաւ C — [14] նմա—նողք լիցուք C — [15] ասա ինձ C — [16] քա[c.5]ի C — [17] + ապաշխարել և C — [18] վաստակոցն C — [19] + և ոչ կարես Համբերել C — [20] սկզբանէն C — [21] ստեցաք C — [22] պաՀեցաք C

5 [1]+ ցնա C — [2] յերկարիցեն C — [3] ածի C lege

6 [1] + ցնա C — [2] այդչափ C — [3] ասացի C — [4] .]եզ C — [5] նինմին A : corrupt — [6] om C : ? recte — [7] աւրք A — [8] յաւուրս C — [9] + և C — [10] տիգրիս C lege — [11] + զնա C — [12] Հանդերձով C — [13] անձամք A : corrupt — [14] + ի C — [15] դու C —

խարեսցեն[16] *⌜զաւուրս երեսուն և չորս*[17]. *և ես լինիմ ի Յորդանան*[18] *գետ*[19], *մինչև գիտասցուք եթէ ահա լուաւ մեզ Աստուած, և տացէ մեզ զկերակուրն մեր* :

7. *Գնաց այնուհետև*[1] *Եւա ի Տիգրիս*[2] *և արար*[3] *որպէս հրամայեաց նմա Ադամ. և Ադամ* <*գնաց*>[4] *ի Յորդանան*[5]. *և հեր գլխոյ նորա մեղկեալ էր* :

8. *Եւ աղաչեալ ասէր*[1]. *Քեզ ասեմ Ջուրք Յորդանանու վշտակից*[2] *լերուք ինձ և ժողովեա զամենայն կայտառ*<*ս*>[3] *որ ի քեզ են, և շրջեսցին զինեւ*[4] *և լացցեն*[5] *զիս. ոչ եթէ վասն անձանց իւրեանց, այլ վասն իմ. զի ի նոցանէ ոչ արգել*[6] *Աստուած զկերակուր իւրեանց զոր հրամայեաց Աստուած ի սկզբանէ, իսկ ես արգելայ ի կերակրոյն իմոյ և ի կենացն : Զայն*[7] *իբրեւ ասաց Ադամ, ժողովեցան առ նա ամենայն կայտառք*[8] *որ էին ի Յորդանան*[9], *և կացին շուրջ զնովաւ իբրեւ զպարիսպ. և*[10] *դադարեցին Ջուրքն Յորդանանու ⌜ի ժամոյն*[11] *յայնմիկ, և զտեղի առին ի գնացից իւրեանց : Ադամ աղաղակեաց առ Աստուած և մեկնեաց ի նոցանէ դասս վեց հարիւր ի ձայն աղաչանաց կարդալ առ Աստուած զամենայն աւուրս*[12] :

9. *Յորժամ կատարեցան աւուրք ութ և տասն լալոյ նոցա. ⌜յայնժամ եղեւ Սատանայ ի ձեւ քերոբէի ի*[1] *զարդ վայելչութեան*[2] *և գնաց ի Տիգրիս գետ*[3] *խաբել զԵւա. և արտասուք նորայ*[4] *իջանէին ի վերայ զարդու*[5] *նորա*[6] *մինչև յերկիր : Եւ ասէ Սատանայ ցԵւա. Ել ի ջրոյ այդի*[7] *և*[8] *հանգիր զի լուաւ Աստուած ապաշխարութեան ձեր*[9], *քեզ և Ադամայ առն քո. վասն զի մեք աղաչեցաք զԱստուած. ⌜և Աստուած*[10] *առաքեաց զմեզ*[11] *հանել*[12] *զձեզ այտի*[13] *և տալ ձեզ զկերակուրն*[14] *ձեր վասն որոյ ապաշխարեցէքն : Քանզի այժմ առ*

[16] *ապաշխարեսցես* C lege — [17] *զերեսուն և զդ. աւուրս բոլորով սրտիւ քոյով* C — [18] *որդանան* A — [19] + *դովին օրինակաւ* C

7 [1] *այսուհետև* C — [2] + *գետ* C : ? recte cf. Lat, but cf. § 8, below — [3] + *նա* C — [4] *գնասց* A — [5] + *գետ* C : ? recte cf. Lat, but cf. § 8, below

8 [1] *ասէ* C — [2] *վշտակիցք* C — [3] *կայտառ* A : corrupt — [4] + *և* C : haplgr/dittgr — [5] *լայցեն* C — [6] *արգելեալ* C — [7] *զայս* C — [8] *կայտառքն* C — [9] + *գետ* C : cf. § 7, above — [10] om C — [11] [.] *ժամոյն* C — [12] *աւուր* C

9 [1] *քրովբէացաւ սատանայ և եղև* C — [2] *վայելջութեան* A — [3] [.]*ետ* C — [4] *նրայ* A — [5] *զարդոյ* C — [6] *իւրոյ* C — [7] *այտի* C — [8] + *եկ* C — [9] *ձերոյ* C — [10] om C : hmt — [11] *զիս* C lege : cf. Lat me — [12] *ի հանել* C — [13] *այդի* C — [14] *զկերակուր* C —

Ադամ գնացի և նա առաքեաց զիս առ քեզ և ասէ. Գնա կոչեա զկին իմ ⸢որդեակ. և յայժմ [15] եկ [16] գնասցուք առ Ադամ և տարայց զձեզ [17] ի տեղին [18] ուր կերակուր ձեր իցէ :

10. ⸢Եւ ելեալ[1] Եւա ի Ջրոյ անտի և եղեն մարմինք նորա իբրև զխոտ ցամաքեալ զի [2] ի Ջրոյն այլակերպեալ էին մարմինք նորա, բայց պատկեր փառաց նորա կայր պայծառ [3]. և [4] անկեալ եկաց ի վերայ երկրի մեծաւ աշխատութեամբ աւուրս երկուս. զի ամենևին չէր կարող ⸢շարժիլ ի տեղոջէն. և ապա [5] յարեաւ. ⸢և Սատանայ [6] և առաջնորդեաց նմա ⸢ուր և [7] Ադամ էր : Եւ [8] իբրև ետես Ադամ զՍատանայ և զԵւա զի գայր զհետ [9] նորա, ելաց լալիւն մեծ և աղաղակեաց ⸢մեծ բարբառով [10] և ասէ ցԵւա [11]. Ո՞ւր է պատուէրն իմ [12] ապաշխարութեան զոր ետու քեզ [13]. զիա՞րդ մոլորեցար դու զհետ դորա գալ, որով ատարացաք ի բնակութենէ մերմէ :

11. Ջայս իբրև լուաւ Եւա գիտաց եթէ Սատանայ է [1] որ խափեաց [2] զնա, անկաւ առաջի Ադամայ. այնուհետև կրկին ցաւք ⸢Ադամայ յաւելան [3] իբրև ետես զտառապանս կնոջ իւրոյ, զի լքաւ և անկաւ իբրև զմեռեալ. տրտմեցաւ և աղաղակեաց հեծութեամբ մեծաւ և ասէ ցՍատանայ. Ջիա՞րդ [4] այդչափ մարտ⸢դներ ընդ [5] մեզ, կամ զի՞նչ մեղանք են մեր առ քեզ, զի հաներ զմեզ ի տեղոջէն մերմէ. մի թէ զփառսն քո ⸢հանաք մեք [6] ի քէն. մի թէ մերժեցաք զքեզ լինել մեզ ստացուածս. զի մարտնչիս ընդ մեզ ի տարապարտուց :

12. Ելաց և Սատանայ լալիւն մեծ [1] և ասէ ցԱդամ. Ամենայն ժպրուհութիւնք [2] իմ և տրտմութիւնք վասն քո եղեն [3]. զի վասն քո ելայ ես ի բնակութենէ իմմէ, և վասն քո ատարացայ ես ⸢յաթոռոյ քերոբէիցն [4], որ տարածեալ հովանի ունէին ինձ. վասն քո կոխեցին ⸢ոտք իմ զերկիր [5] : Պատասխանի ետ Ադամ և ասէ ցնայ. Ջի՞նչ մեղ են մեր առ քեզ զի զայս ամենայն արարեր ընդ մեզ:

[15] արդ C — [16] + և C — [17] զձես A — [18] + յայն C

10 [1] ել C — [2] վայրի և C — [3] om C — [4] իբրև ել նայ ի Ջրոյ անտի C lege : cf. Lat et cum egressa esset — [5] շարժել զնա ապա յետ այնորիկ C — [6] ~ C : cf. Lat et erexit eam diabolus — [7] մինչև ուր C — [8] om C — [9] զկնի C — [10] մեծաբարբառ C — [11] ո եայ C ? recte : cf. Lat o Eva — [12] om C — [13] ցքեզ C

11 [1] էր C — [2] խաբեացն C recte — [3] ~ C — [4] զի C — [5] դրեր C — [6] ~ C

12 [1] + կարևոր C — [2] ժպրհութիւնք C recte — [3] են C — [4] յաթոռոյն ի քրովբէիցն C — [5] զերկիր ոտք իմ որում ոչ կայր ակն C

13. Պատասխանի ետ Սատանայ և ասէ [1]. Դու ինձ ինչ ոչ արարեր, բայց ես վասն քո եկի յայսչափ, յորում աւուր [2] դու ստեղծար. զի ես այն աւր ելի : Իբրև փչեաց Աստուած զոգին իւր ի ձեզ առեր դու զնմանութիւն պատկերի նորա. եկն այնուհետեւ [3] Միքայէլ և ետ քեզ երկիր պագանել առաջի Աստուծոյ : Եւ ասէ Աստուած ցՄիքայէլ [4]. Ահա, արարի զԱդամ ի նմանութիւն պատկերի իմում :

14. Յայնժամ Միքայէլ կոչեաց զամենայն հրեշտակսն [1], և ասէ ցնոսա Աստուած. Եկայք երկիր պագէք Աստուծոյ [2] զոր արարի : Եպագ երկիր նախ Միքայէլ. կոչեաց զիս և ասէ. ⌜Երկիր պագ [3] և դու Ադամայ : Ասեմ և ես. Ի բաց ⌜գնա դու [4] Միքայէլ, ոչ ⌜պագանիմ ես յերկիր [5] յետնոյդ իմոյ, զի առաջ [6] ես եմ, զի՞նչ արժան է [7] դմա երկիր պագանել :

15. Լուան և այլ [1] հրեշտակքն որ ընդ իս էին և հաճոյ թուեցաւ բանք իմ և ոչ պագին ⌜քեզ երկրպագութիւն [2] Ադամ :

16. Բարկացաւ այնուհետեւ Աստուած ի վերայ իմ, և հրամայեաց հանել զմեզ ի բնակութենէն [1] մերմէ և ընկենուլ յերկիր զիս և զհրեշտակս [2] իմ ⌜որ ընդ իս [3] հաւանեցան, և դու էիր անդրէն ի դրախտին [4] : Իբրեւ գիտացի եթէ վասն քո ⌜ելի ի բնակութենէ լուսոյն [5] և եղէ ի վաստակս և ի ցաւս, յայնժամ [6] պատրաստեցի քեզ որոգայթ [7] զի ատարացուցի [8] զքեզ յուրախութենէ քումմէ, որպէս և [9] ես վասն քո ատարացայ :

17. Զայս իբրև լուաւ Ադամ ասէ առ Տէր [1]. Ի բաց արա յինէն զթշնամիս իմ որ կամի մոլորեցուցանել զիս որ ի խնդիրս ⌜եմ ելեալ [2] լուսոյն զոր կորուսի : Ի ⌜ժամուն այնմիկ [3] չիջաւ Սատանայ ի նմանէ, և [4] Ադամ այնուհետեւ [5]

13 [1] + ցադամ C — [2] յաւուր C — [3] այնուհետ[C — [4] միքայէլ C

14 [1] հրեշտակս C — [2] ադամայ C — [3] ~ C — [4] կաց C — [5] պագանեմ ես երկիր C lege — [6] յառաջ C — [7] + ինձ C lege

15 [1] այլ C lege — [2] երկիր քեզ C

16 [1] բնակութենէ C — [2] զհրեշտակք A — [3] [.]ր̇ ը̇ն̇դ̇ ի̇ս̇ C — [4] դ̇ր̇ա̇խ̇տ̇ի̇ն C — [5] .]լ̇ ի̇ ես C — [6] om C — [7] յորոգայթ C — [8] ատարեցուցից C lege — [9] om C

17 [1] + տէր անձն իմ ի ձեռս քո C lege : cf. Lat domine deus meus, in manibus tuis est vita mea — [2] ~ C — [3] ժամանակին յայնմիկ C — [4] om C — [5] om C —

եկաց ի ջուրս ապաշխարութեան. և Եւա [6] լքեալ եկաց ⌜ի վերայ երկրի ան—կեալ [7] աւուրս երիս իբրև զմեռեալ. և ապա յետ երից աւուրց յարեաւ [8] յերկրէ,

18. և ասէ ցԱդամ. Դու անպարտ [1] ես ⌜յառաջին յանցանացն և երկրոր—դումս [2]. բայց միայն ինձ յաղթեաց [3] Սատանայ ի պատճառս [4] բանին Աստուծոյ և քո : Եւ ասէ դարձեալ Եւա ցԱդամ. [5] Ահա երթամ ես ի մուտս արևու ⌜և լինիմ անդ [6] և կերակուր [7] իմ խոտ մինչև մեռանիմ. զի այսուհետև [8] անարժան եմ կերակրոցն կենդանութեան : Գնաց Եւա ի մուտս արևու, և եղև նա ի սուգ և ի տրտմութիւն. և ապա [9] արար իւր տաղաւար ի մուտս արևու. և [10] ձգեալ էր ամսաւք, և ունէր արգանդի [11] զԿայէն անաւրէնն [12] :

19. Իբրև եկին ժամանակք [1] ծննդեան նորա, սկսաւ աղաղակել ի ձայն մեծ և ասէ. Ու՞ր է Ադամ զի տեսցէ զցաւս իմ զայս. Իսկ ո՞ պատմեսցէ զտառապանս իմ Ադամայ [2]. եթէ իցէ հողմ ի ⌜ներքոյ երկնից [3] զի երթեալ պատմեսցէ [4] Ադ—ամայ. եթէ [5] Եկ աւգնական լեր ⌜Եւայի. և ասէ [6]. Աղաչեմ զձեզ ամեայն լու—սաւորք յորժամ երթաք [7] դուք յարևելս՝ պատմեցէք տեառն իմում [8] Ադամայ վասն ցաւոց իմոց :

20. Յայնժամ [1] լուաւ Ադամ [2] ի ⌜գետ Որդանան անդր [3]. զբարբառ [4] Եւայի [5]. և զլալիւն նորա : Իբրեւ լուաւ Աստուած ձայնի ապաշխարութեան [6] Ադամայ և ուսոյց [7] նմա ⌜զվարել և զհնձելն և զեկեալ [8] նմա և զաւակի նորա : ⌜Եւ ապա [9] լուաւ Ադամ զձայն աղաչանացն [10] Եւայի [11] ի մուտս արևու [12] ⌜և ասէ Ադամ [13]

[6] կայր C : corrupt — [7] անկեալ ի վերայ երկրի C — [8] յա̇[4–5] եա C : cf. note 6

18 [1] ան[4–5 C — [2] յառաջնումն յանցանս և յերկրո[4–5 C — [3] աղթեց A — [4] պա[4–5 C — [5] զադա[2–3 C : ? vacat 2 lett — [6] լինիմ C : cor—rupt cf. Lat et ero ibi — [7] կերակուրն C — [8] .[./ուհետև C — [9] + յետ աւուրց այնոցիկ C — [10] om C — [11] յարգանդի իւրում C — [12] անաւրէն C

19 [1] ժամանակքն C — [2] om C — [3] ներ[c. 6]նից C — [4] +զտառա—պան իմ B + զտառա[6] C — [5] om B — [6] [c. 5] C — [7] երթայք B [c. 4]. C — [8] [4–5] C

20 [1] om BC — [2] +անդէն B ան[2]ն precedes C — [3] գետն անդ B գետ անդր C — [4] զբառբար B զբարբառն C — [5] [1]այի C — [6] ապաշխարու—թեանն B — [7] ուսուց B — [8] զվարելն և զհնձ(—ծ—B)ելն և կեալ BC : cor-rupt — [9] և B om C — [10] աղաչանաց C — [11] + և զգուժ նորա BC — [12] արու A արևոյն B արևուն C — [13] լուաւ զձայն նորա և ասէ BC —

ի սիրտ [14] իւր [15]. ⸀Ձայնն այն [16] մարմնոյ իմոյ է [17] ⸀և լալիւնն [18]. յարեայց [19] և գնացից առ նա և տեսից թէ [20] վասն որոյ աղաղակէ. գուցէ դարձեալ գազանն [21] մարտեաւ ընդ նմա ։ ⸀Յարեաւ Ադամ [22] և գնաց զհետ բարբառոյն [23] ուր Եւա [24] էր ։ Իբրև ետես Եւա խաւսեցաւ և ասէ ցԱդամ. Լուա՞ր զձայն լալոյ իմոյ. իմացուցի՞ն քեզ Հողմք [25] յորում աղաղակեց<ի> [26] վասն քո, եթէ իմացուցին քեզ լուսաւորք երկնից որ կային [27] ի կողմանս յար<և>ելից [28] աւր ըստ աւրէ ի [29] գնացից իւրեանց, կամ թէ [30] իմացուցին [31] քեզ թռչունք երկնից կամ գազանք [32] երկրի [33] զոր կոչեցի և առաքեցի առ քեզ [34], զի պատմեսցեն [35] քեզ ։ Արդ արի աղաչեա [36] զստեղծիչն քո, զի փրկեսցէ զիս ի ցաւոց [37] աստի ։ Ելաց Ադամ և աղաւթս [38] եկաց վասն նորա առ Աստուած ։

21. Եւ ահա իջին [1] յերկնից երկու [2] Հրեշտակք և երկու [2] զաւրութիւնք, եկին առ Եւա և կացին առաջի երեսաց նորա, և ասեն ցնա զաւրութիւնք [3]. Երանի է քեզ Եւա վասն Ադամայ ընտրելոյ [4] Աստուծոյ, զի մեծ են խնդրուածք նորա, և նովաւ եղեն [5] աւգնականութիւն [6] քեզ յԱստուծոյ [7]. բայց [8] ⸀ի ծննդենէդ քո յայդմանէ [9] ոչ կարէիր [10] ապրել [11] ։ Եւ ասէ Հրեշտակն ցԵւա. Կազմեա [12] զանձն քո և ես լինիմ քեզ դայեակ ։ Ապա իբր [13] ծնաւ զմանուկն էր գոյն ⸀մարմնոյ նորա [14] իբրև զգոյն աստեղաց [15]. ի ժամուն [16] իբրև մանուկն ի ձեռս դայեկին անկաւ [17], ի վեր վազեաց և ձեռաւքն փետէր զխոտ ⸀երկրին առ [18] տաղաւար [19] մաւր [20] իւրոյ և անպտղութիւնք [21] բազում լինէին [22] ի տեղոջն [23] ։ Եւ ասէ Հրեշտակն [24] ցնա. Արդար է [25] Աստուած զի ոչ ետ քեզ անկանել [26]

[14] սիրտս BC — [15] + ադամ BC — [16] ձայն B ձայնն C — [17] om C — [18] լալին B — [19] յարեաց BC — [20] om BC — [21] գազան B — [22] ~ B — [23] բառբառոյն B — [24] և այն BC — [25] Հողմ[C — [26] աղաղակեց A — [27] գային B : ? recte cf. § 19 — [28] յարելից A արևմտից C — [29] om BC [30] om BC — [31] իմացին B : corrupt — [32] [.]ա[.]անք C — [33] յերկրի B — [34] ք[.. C — [35] պատմեսցին B — [36] աղաչ[C — [37] ցոցս B : corrupt — [38] յաղօթս BC

21 [1] իջից B — [2] երկոյ B — [3] զաւրութիւնքն B — [4] ընտրելոյն B — [5] եղև BC lege — [6] օգնութիւն B — [7] աստուծոյ և B — [8] + ի նմանէն BC lege — [9] ի ծնընդէնտ այդմանէ B ի ծննդենէդ յայդմանէ C after ապրել BC — [10] + դու C — [11] ապրիլ B — [12] կազ[.]եա C — [13] իբրև BC — [14] մարմնոյն BC — [15] աստեղացն C — [16] ժամանակին BC — [17] precedes մանուկն BC — [18] երկ[5]ռ C — [19] տաղավար B — [20] մօրն BC — [21] ան[3]ութիւնք C — [22] լինէր B — [23] տեղւոջն C — [24] Հրեշտակ B [3].ն C — [25] + տէր C — [26] անկանիլ B —

ի ձեռս իմ, զի դու ես Կայէն անաւրէնն [27] որ բարոյդ [28] ⌜և. և կենդանոյն [29] նկոյն [30] ⌜լիցիս և [31] կործանիչ և չնութիւն [32], ⌜դառնութիւն և ոչ քաղցրութիւն[33]: Եւ ասէ Հրեշտակն դարձեալ [34] ցԱդամ. կաց [35] և մնա [36] առ Եւա [37] զի արասցէ [38] նա զոր ինչ Հրամայեցի :

22 (1) ⌜Եւ առաւել [1] այնուՀետև [2] ⌜Ադամ զԵւա և զմանուկն [3] և ած զնոսա ի կողմ [4] արևելից [5], և եղև նա անդ [6] նովաւ [7] Հանդերձ, և ապա լցան [8] ամք ութուտասն [9] և ամիսք երկու. յղացաւ [10] և ծնաւ որդի ⌜զԱփաթ որ անուեցաւ Աբէլ [10], և բնակեցան ի միասին :

23 (2) Եւ [1] ասէ Եւա ցԱդամ. Տէր իմ, Ադամ. ննջեցի [2] և տեսանէի [3] ի տեսլեան գիշերոյ [4], զի արիւն որդոյ [5] իմոյ Աբելի [6] մտանէր [7] բերան Կայենի ⌜որդոյ մերոյ [8] եղբաւր նորա [9] և ըմբէր [10] զարիւն նորա անողորմ, ⌜և աղաչէր [11] զնա Աբէլ [12] ⌜զի թողցէ [13] սակաւիկ մի և [14] ⌜ոչ թողոյր և ոչ անսայր [15] նմա, այլ ըմբէր [10] զարիւն նորա բաւանդակ [16] : Ասէ Ադամ ցԵւա. Արդէաւք [17] սպանանէ [18] Կայեն զԱբէլ [19]. աղէ մեկնեսցուք զնոսա ի միմեանց [20]. արասցուք նոցա իւրաքանչիւր [21] տեղիս և թողցուք զնոսա անդ. և մի տացուք ի [22] մեզ տեղի չարին : Եւ արարին նոքա ըստ բանին այնմիկ [23], և ասէ ցնոսա Ադամ. Որդեակք իմ, արիք գնացէք [24] իւրաքանչիւր [25] տեղիս ձեր : Ցարեան և գնացին նոքա ըստ բանին այնորիկ :

[27] անօրէն BC — [28] բարոյ BC — [29] կենդանոյ B om C — [30] sic A* ւ above ln A° : corrupt, տնկոյ BC lege — [31] լինիս BC — [32] չինութիւն B չինութեան C — [33] դառնութեան և ոչ քաղցրութեան B — [34] after ասէ BC — [35] կայ AC — [36] + դու B — [37] Եայի C — [38] արասց B : corrupt

22 (1) [1] առ BC lege : cf. Lat tulit Gk ἔλαβεν — [2] այսուՀետև B — [3] զեւայ ադամ և զժամանակն B : corrupt — [4] կողմանս B կողմն C — [5] յարևելից B — [6] անդր C — [7] նոքօք B — [8] om B : corrupt — [9] ութուտասան B ութևտասն C — [10] + եա B — [11] զգափատ (զափաթոր C) որ անուանեաց և կոչեաց Հաբէլ դայեակն (դայեակն աբէլ C) BC lege : cf. Georg

23 (2) [1] om B — [2] ննջեցի B — [3] տեսան B — [4] գիշերոյն BC — [5] որդոյն B — [6] Հաբէլի C — [7] + ի BC — [8] om BC — [9] իւրոյ BC — [10] ըմպէր BC — [11] աղաչէր B [3–4]ղաչէր C — [12] om BC — [13] զթող ցէ B — [14] + նա BC — [15] ոչ անսար B [3] անսայր C — [16] բովանդակ B բաւ[4] C — [17] արդիւք C — [18] կայն B [3] C — [19] զՀաբէլ C — [20] + և BC — [21] իւրաքչիւր B — [22] om B — [23] այնորիկ BC — [24] +դուք C — [25] իւրաքաչիւր B յիւրաքանչիւր C

[**23**] (3) Եւ ապա յետ ⌜այսց բանից [1] ասէ Աստուած ցՄիքայէլ Հրեշտակապետն. Գնա և ասա [2] Ադամայ թէ [3] Զխորհուրդդ որ [4] գիտես, մի պատմեսցես զայդ Կայենի, ⌜զի որդի [5] բարկութենէ [6] է դա [7] և սպանանէ զՀաբէլ [8] զեղբայր իւր, բայց մի [9] տրտմեսցիս [10] վասն նորա. տաց քեզ փոխանակ նմա [11] զՍէթ որ նման է առաջի [12] պատկերին [13] իմոյ և նա ցուցցէ [14] զամենայն յիշատակս [15] յինէն. և ոչ եթէ ինչ ասասցես [16] ⌜նմա : Զայս [17] ասաց Աստուած ցՀրեշտակն, և նա եկեալ [18] խաւսեցաւ [19] Ադամայ. և [20] Ադամ պահեալ [21] զայն [22] ի <սրտի> [23] իւրում և տրտմեալ ինքն [24] ⌜և Եւա [25] :

24 (4) Եւ ⌜յետ այսորիկ յղացաւ Եւա [1] և ծնաւ [2] զՍէթ, և ասէ Ադամ ցԵւա ի [3] խաւսելն իւրեանց առ միմեանս. Ահա ծնաւ [4] որդի փոխանակ Աբէլի [5] զոր սպան Կայեն առաջի մեր :

24 (5) Եւ ապա յետ այնորիկ եղեն նորա ուստերք և դստերք երեսուն երեսուն, և աճեցին նոքա :

30 (5) Եւ էր [1] Ադամ ի վերայ երկրի [2] ⌜ինն հարիւր և երեսուն ամ [3], և ապա հիւանդացաւ Ադամ զախտ [4] մահու, և աղաղակեաց ի ձայն մեծ և ասէ. Եկեսցեն [5] և ժողովեսցին առ իս ամենայն որդիք իմ, զի տեսից զնոսա յառաջ մինչչև մեռեալ իցեմ : Եւ ժողովեցան առ [6] նա ամենայն որդիք [7] իւր որ էին [8] ամենայն [9] կողմ [10] երկրին [11] և յաղաւթս [12] կայր առ Տէր [13] Աստուած :

[**23**] (3) [1] այնորիկ BC — [2] + դու BC — [3] om B — [4] զոր B — [5] զորդի A* զ ի որդի A°C զի որդ B — [6] sic A : corrupt, բարկութեան B lege բարկու[2] C — [7] նա B — [8] զաբէլ B զհաբէլ C — [9] + իցէ զի BC — [10] տրտմիցիս ինչ BC — [11] նորա BC lege — [12] առաջին BC — [13] պատկին C — [14] + քեզ B : ? recte cf. Gk σοι — [15] յիշ[2]ակս C — [16] ասցես B : haplgr — [17] ն.[ ]այս C — [18] եկն B եկն և C — [19]].ցաւ C + ընդ B — [20] om B — [21] պահեաց BC — [22]]յն C — [23] BC սիրտ A — [24] ինք A — [25] om BC : cf. Gk μετ᾽ αὐτοῦ δὲ καὶ ἡ Εὔα ἔχοντες τὴν λύπην κ.τ.λ.

24 (4) [1] եա յղացաւ B յղացաւ C — [2] + որդի BC — [3] om B — [4] ծնաք BC lege : cf. Gk ἐγεννήσαμεν but Lat genui, Gen. 4:25 — [5] Հաբէլի C

30 (5) [1] եկաց B — [2] յերկրի B — [3] ամս ինն հար. և երես. BC — [4] զաղթ B — [5] եսցեն B : corrupt — [6] այռ B — [7] որդիքն B — [8] են C — [9] յամենայն C — [10] կողմանս ի վերայ BC — [11] յերկրի B երկրի C + և ժողովեցան առ նա ի դուռն տեղոյ (տեղոյն C)ուր (որ C) մտանէր եա BC lege : cf. Gk καὶ συνάχθησαν πάντες ... ἐπὶ τὴν θύραν τοῦ οἴκου ἐν ᾧ εἰσήρχετο εὔξασθαι — [12] աղաւթս B — [13] om BC

31 (6) Եւ [1] ասէ որդի [2] իւր Սէթ ցԱդամ [3]. Հայր իմ [4], յիշեցեր [5] դու զպտուղ [6] դրախտին ⌜յորմէ կերակրէիր [7] ի նմանէ [8] և ի ցանկութենէ [9] ⌜անտի տրտմեցար [10]. եթէ արդարև յայդպէս [11] իցէ սաս [12] ինձ, զի գնացից մերձ ի դրախտն և արկից ⌜հող զգլխով [13] իմով և լացից, զի [14] թերեւս տացէ ինձ Աստուած ի պտղոյ [15] անտի, զի բերից քեզ և փարատէ [16] ի քէն ցաւդ [17] : Ասէ ցնա Ադամ. ⌜Ոչ է այդպէս [18] այլ ⌜հիւանդութիւն և ցաւ մահու [19] ունիմ : Ասէ ցնա Սէթ. ⌜Ցո՞րմէ եղև քեզ այդ ցաւդ [20] :

32 (7) Ասէ ⌜ցնա Ադամ [1]. Իբրև արար զմեզ Աստուած, զիս և զմայր քո [2], հրաման ետ մեզ [3] ի ծառոյ անտի չուտել. [4] խափեաց [5] զմեզ Սատանայ ի ժամուն [6] իբրև վերացան ⌜հրեշտակք նորա [7] պահապանք [8] էին ծառոյն երկրպագանել Աստուծոյ. յայնժամ ետ ուտել Սատանայ ի պտղոյ [9] անտի Եւայի. ետ ⌜ուտել Եւա [10] ինձ, իբրև ոչ գիտել [11] :

32 Քանզի, որդեակ իմ Սէթ, բաժանեաց Աստուած զդրախտն [1] ինձ և մաւր քո [2] Եւայի. որպէս զի պահեսցուք մեք զնա, ինձ ետ [3] զկողմ [4] արևելից և զհարաւոյ [5], և մաւր քո [6] զկողմ [7] արևմտից և ⌜ի հիւսուսոյ [8] :

33 Եւ ունէաք մեք երկոտասան հրեշտակք որ շրջէին ⌜ընդ մեզ [1] իւրաքանչիւր վասն պահպանութեան դրախտին մինչև ի ժամանակ լուսոյն [2].

31 (6) [1] յայնմ ժամանակի BC — [2] որդին B — [3] ցնա BC — [4] + Ադամ զուցէ BC — [5] յիշեր B [5]եր C — [6] + ծառոց BC — [7] որմէ կերակրէիրն B յոր[3–5]րակրէիր C — [8] նմանէն C — [9] ցանկութեանն B : corrupt — [10] անտ[4]մեցար C — [11] այտպէս B այդպէս C lege — [12] սա̇ս C — [13] զհող զլխով B — [14] om BC — [15] պտղու B — [16] փարատեսցին B փառատին C — [17] ցաւքտ B ցաւքդ C — [18] ոչ եթէ այդպէս իցէ BC + որդեակ իմ Սէթ BC lege : cf. Gk υἱέ μου Σήθ Lat Slav — [19] հիւանդութիւն և ցաւս B հիւանդութեան ցաւ C : both om մահու ?recte cf. Gk, Lat — [20] Հայր իմ Ադամ. զինչ (+ են C) ցաւքդ և (om C) կամ որպէս եղև քեզ այդ BC

32 (7) [1] ~ C — [2] + և B — [3] մեր B — [4] precedes ի B — [5] խաբեաց BC — [6] ժամանակին B ժա[4]նակին C — [7] հրեշտակքն որ BC lege — [8] պահպանք B — [9] մրգոյ B — [10] և BC — [11] գիտելով B

32 [1] դրախտն B — [2] քում B — [3] յետ B — [4] կողմն C — [5] հիւսիսու B զհիւսիսի C lege : cf. Gk Lat — [6] քում B [2] C + ետ BC — [7] զկողմն BC — [8] զհարաւոյ BC lege : cf. note 5

33 [1] զհետ մեր B — [2] լուսոյ B

33 (7) քանզի Հանապազ աւր ելանէին [1] ⌜երկիրպագ Աստուծոյ [2], ի ժամանակին իբրև նոքա ⌜գնացին յերկինս [3] յայնժամ [4] խափեաց [5] Սատանայ զմայր քո, և ետ ուտել նմա ի մրգոյ անտի. գիտաց Սատանայ եթէ ես ⌜ոչ էի [6] առ նա և ոչ Հրեշտակք [7], ⌜յայնժամ ետ ուտել [8] :

34 (8) Գիտացի այնուՀետեւ [1] իբրև կերայ ի մրգոյ անտի եթէ [2] բարկացաւ Աստուած ի վերայ մեր : Եւ ասէ Աստուած. Փոխանակ զի անցեր զուխտիւ իմով, ածից [3] ⌜վերայ մարմնոյ քո [4] եաւթանասուն ախտ. ցաւ աչաց և ականջաց և ամենայն [5] ⌜զաւղուածոց դնչցորընգունս և [6] Համարեցաւ ⌜զխս ի [7] վիշտս [8] Հիւանդութեանց որ պաՀին ⌜ի շտեմարանս [9] զի արձակեսցէ զնոսա Աստուած ի [10] յետին ժամանակս [11] :

35 (9) Զայս իբրեւ ասաց Ադամ ցորդին իւր Սէթ, աղաղակեաց և ասէ. Զի՞նչ առնեմ [1] զի ի մեծ ցաւս և յաշխատութիւնս [2] եմ : Ելաց Եւա և ասէ. Տէր իմ, Ադամ. արի տուր ինձ [3] ի ցաւոյդ [4], զի ընկալայց և Համբերեցից նմա. զի վասն իմ եղեն [5] ցաւքդ այդ [6] որ եկեալ Հասեալ են ի վերայ քո :

36 (9) Ասէ ցնա Ադամ. Արի ⌜և գնաց [1] որդով քո [2] Սէթաւ մերձ ի դրախտն և անդ արկանուք [3] Հող զգլխով [4] ձերով և լացէք առաջի Աստուծոյ. թերեւս գթասցի Աստուած ի վերայ իմ և առաքեսցէ զՀրեշտակ [5] իւր ի դրախտ անդր. և [6] երթիցէ ի տեղին ուր կայցէ ծառն ձիթենեաց [7], յորմէ ելանէ ձէթն, և տացէ քեզ սակաւիկ մի ի նմանէ, զի բերցես ⌜առ իս [8] և ⌜աւծից զոսկերս իմ [9] և փարատեցայց [10] ի ցաւոց աստի և իմացուցից քեզ զառակս զայս զոր [11] փորձեցաք [12] մեք երբեմն :

33 (7) [1] ելանեին B + նոքա BC — [2] երկիրպագանել տեառն BC lege — [3] վերացան B վարեցան C — [4] այնժամ B — [5] խաբեաց BC — [6] չեմ B ոչ եմ C — [7] Հրեշտակքն BC — [8] om BC : corrupt, + յետոյ և ետ (ետ և C) ինձ BC lege

34 (8) [1] այնոյՀետև B — [2] և B — [3] ածի[1] C — [4] ի վերայ քո մարմնոյդ BC — [5] յամենայն C — [6] աւդից անկամ ցղընկունս (ցըղնգունս C) իմ BC — [7] զի մի C — [8] վիՀս B վիշտ C — [9] յշտեմարանս BC — [10] om BC — [11] ժամանակսն B

35 (9) [1] + զայս BC — [2] աշխատութիւնս B — [3] + ինձ A° marg — [4] ցաւոցտ B — [5] եղև B + քեզ BC — [6] այտ B

36 (9) [1] om B և գնա C + դու BC — [2] քով Հանդերձ BC + և երթ դու BC — [3] արկերուք B արկէք C — [4] զգլով B — [5] զՀրեշտակս B — [6] om B — [7] ձիթենի B — [8] om B : sic Lat, but Gk καὶ ἐνέγκῃς μοι — [9] աւծայց BC : cf. Gk ἀλείψομαι — [10] փարատեաց B — [11] որ BC — [12] փորձաք B

37 (10) Գնացին այնուհետեւ Սէթ [1] և Եւա ի ⌜կողմ ի [2] դրախտին. մինչդեռ երթային, ետես Եւա [3] գազան մի զի [4] մարտնչէր ընդ Սեթ<այ> [5] և խածանէր զնա. լալ սկսաւ Եւա և ասէ [6]. Զի եթէ եկեսցէ [7] աւր դատաստանին, ամենայն մեղաւորք մեղադիր լինիցին [8] ինձ [9] և ասասցեն թէ [10] մայրն [11] մեր ոչ լուաւ պատուիրանին Տեառն Աստուծոյ : Եւ [12] գոչեաց Եւա ի վերայ գազանին և [13] ասէ. Ով գազան, դու զի՞րդ [14] երկեար [15] ⌜ի պատկերէդ Աստուծոյ [16], զի համարձակեցար մարտնչել ի պատկերդ [17] Աստուծոյ. և կամ զի՞րդ բացան [18] բերան քո և զաւրացան ժանիք քո և խոզացաւ մազ քո. և զի՞րդ [19] ոչ յիշեցեր [20] զհնազանդութիւն [21] ⌜որ յառաջն [22] էիր, զի բացաւ բերան քո ի պատկերդ Աստուծոյ :

38 (11) Յայնժամ գոչեաց [1] գազանն և ասէ ցԵւա. Ապաքէն վասն քո են [2] ժպրհութիւնք [3] մեր, զի [4] ի քէն ել [5] աւրինակն [6]. զի՞րդ բացաւ բերան քո համարձակել և ի [7] ուտել ի մրգոյ անտի. վասն որոյ պատուիրեաց քեզ Աստուած [8] եթէ մի ուտել [9] ի նմանէ [10].

39 (12) Յայնժամ [1] ասէ [2] Սէթ ցգազանն. ⌜Խցցի բերան [3] քո, ո [4] Սատանայ [5]. ի բաց գնա [6] ի պատկերէ Աստուծոյ [7]. յայնժամ [8] ասէ ցՍէթ. Ահա ի բաց կամ ի պատկերէդ Աստուծոյ. փախստեա եղեւ գազանն ի նմանէ :

37 (10) [1] + է A — [2] կողմ և B կողմն C — [3] + զորդին իւր զի BC lege : A corrupt by hmkt, cf. Gk *τὸν υἱὸν αὐτῆς* — [4] om BC : lege — [5] BC Սէթ A — [6] ասէր BC — [7] եկեսց B — [8] լինին BC — [9] om B — [10] om BC — [11] մայր BC — [12] om BC — [13] om B — [14] + դու ոչ B ոչ C : lege C — [15] երկնչիս B — [16] աստուծոյ B յաստուծոյ C — [17] պատերդ B — [18] om B բացաւ C lege : Gk *ἠνοίγη τὸ οτόμα κ.τ.λ.* A corrupt — [19] արդ B — [20] + դու BC — [21] + քո B -ութիւնն C — [22] յորում առաջն B որում յառաջն C

38 (11) [1] գոչեաղ B : corrupt — [2] է B — [3] ժպրհութիւն C : corrupt cf. են — [4] քանզի B քա[ն]զի C — [5] ելաւ B : corrupt dittgr — [6] + և ապա գազանք ի քէն և կոխան քո B + և ապա գազանքն [5] կոխանք C — [7] om BC recte — [8] om B : corrupt — [9] ուտեր B — [10] դմանէ C + մինչև փոխեսցէ մեր ամենեցուն բնութիւնք. դու այսուհետև ոչ կարես հանդարտել (դանտարել B) որ խոսեցայց (—աց B) առ քեզ, կամ եթէ սկսայց յանդիմանել (անդի— B) զքեզ BC lege : cf. Gk *διὰ τοῦτο καὶ ἡμῖν ἡ φύσις μετηλλάγη. νῦν οὖν οὐ δυνήσει ὑπενεγκεῖν, ἐὰν ἀπάρξομαι ἐλέγχειν σε*

39 (12) [1] յայնմ ժամանակի B յայսմ ժամանակի part of preceding phrase C — [2] աս[C — [3] խից զբերան BC — [4] ով B — [5] + և BC — [6] + դու C — [7] + մինչև ասասցէ յորում (որում B) աստուած ածցէ զքեզ ի (om B) յանդիմանութիւն BC lege : cf. Gk *ἕως ἡμέρας τῆς κρίσεως* see translation notes — [8] այնժամ B

40 (13) Եւ ⌜գնաց Սէթ [1] Եւայի<ւ> [2] Հանդերձ մերձ ի դրախտն, և լացին մեծաձայն լալիւն [3] և խնդրեցին յԱստուծոյ [4], զ ի առաքեսցէ զՀրեշտակ [5] ⌜աւգնականութիւն լսել նոցա [6].

41 (13) Եւ [1] առաքեաց Աստուած զՄիքայէլ զՀրեշտակ [2] ⌜առ նոսա [3], որ ⌜է իշխան [4] Հոգոց և ⌜ասաց զայս բան [5]. Սէթ ⌜ընտրեալ յԱստուծոյ [6], մի ինչ աշխատիր դու աղաչել վասն իւղոյն [7] որ ի ծառոյն [8] ելանէ, եղն [9] այն [10] ցնծութեան, ածանել զՀայր քո զԱդամ :

42 (13) Այդ այժմ ոչ ունի [1] լինել, բայց ապա ի [2] ժամանակին [3] իբրեւ լնուն և կատարին ամք կատարածին [4]. յայնժամ եկեսցէ սիրելին Քրիստոս, յարուցանել զմարմինն Ադամայ. վասն յանցանաց [5] նորա որ եղեն : Եկեսցէ ի Յորդանան [6] և մկրտեսցի <ի>[7] նմանէ [8] և յորժամ ելցէ նա ի ջրոյ անտի, յայնժամ եկեսցէ Միքայէլ և [9] իւղովն [10] ցնծութեան ածցէ ⌜զնոր Ադամ նովաւ [11]. և ապա յետ այնորիկ զով ին աւրինակաւ [12] լինիցի [13] ամենայն գազանաց [14] երկրի որ յարիցեն ի յարութեան [15], և ⌜լինիցին արժանաւորք [16] մտանել ի դրախտ [17] անդր. և ես ածից զնոսա ⌜իւղով այնուիկ [18] :

43 (13) Բայց դու գնա [1] առ Ադամ Հայրն [2] քո, քանզի լցան ⌜ժամանակք նորա [3]. մինչև [4] ցերիս [5] աւուրս : ⌜Եւ նիստ [6] ⌜տեսանել զարմանալիս [7] բազումս յերկինս և յերկրի [8] և ի լոյս [9] ամենայն որ [10] յերկինս է [11] :

40 (13) [1] այնուՀետև Սէթ գնաց B այսուՀետև գնաց Սէթ C — [2] BC եւայի A — [3] + մեծ BC — [4] աստուծոյ B — [5] զՀրեշտակս B — [6] յաւգնականութիւն լսել նոցին Հանդերձ BC

41 (13) [1] om B — [2] Հրեշտակն B Հրեշտակ C — [3] precedes զՄիք. BC — [4] իշխան էր BC — [5] ասէ ցնոսա զբան զայս BC lege : Gk αὐτοῖς τοὺς λόγους τούτους — [6] այր աստուծոյ BC lege : Gk ἄνθρωπε τοῦ Θέου Lat homo dei — [7] եղոյն B եղոյն C — [8] ծառէ անտի B : corrupt — [9] իւղն C — [10] om B

42 (13) [1] ունիս լինիլ B — [2] om B — [3] ժամանակի BC — [4] կատարածի BC — [5] անցանաց B — [6] որդանան A — [7] om A : haplgr — [8] նմա C — [9] follows ցնծութեան BC — [10] եղովն B — [11] զադամ նով B զադամ նովաւ C — [12] աւրինակիվ A — [13] լիցի BC — [14] ազգաց B — [15] յարութեանն C — [16] ~ BC — [17] դրախտն B — [18] իւղովս այսորիկ BC

43 (13) [1] + այժմ B — [2] Հայր C — [3] ժամանակ նոցա C : corrupt — [4] մինչ B — [5] յերիս C — [6] ունիս BC lege : cf. Gk μέλλεις — [7] տեսանալիս B : corrupt — [8] երկրիս B — [9] լուսաւորս B lege : cf. Lat luminaribus — [10] + ի C — [11] om BC

43 (14) *Զայս իբրև խաւսեցաւ Հրեշտակն, Թագստի [1] եղև [2] ընդ ծառով [3] դրախտին :*

44 (14) *Եկին այնուհետեւ Սէթ և Եւա ի տաղաւարն [1] ուր Ադամ կայր հիւանդացեալ [2]. յիշեաց Ադամ վասն ծառոյն կերակրոյն [3] յանցմանն, և ասէ [4] ցԵւա. ՈՀ, զ ի՞նչ արարեր. կամ որպիսի ցաւ [5] ածեր ի վերայ մեր [6] և ի վերայ [7] ⌜զաւակի մերոյ [8]. արդ այսուհետեւ [9] որպէս զ իա՞րդ եղև յանցանքն [10] պատմեսցես որդոց քոց, զ ի լքայ աւասիկ [11] ի պակասել ⌜զաւրութենէս իմոյ [12]. զ ի գուցէ իբրև մեռանիցիմք, եկեսցեն աշխատութիւնք ի վերայ երկրի, և աշխատեսցին ամենայն ազգ որ եղեալ են [13] ⌜ի մէջ [14], և նզովեսցեն զմեզ և ասասցեն [15] եթէ Հայր [16] մեր և ⌜մայր մեր [17] ածին ⌜զայս ամենայն [18] ի վերայ մեր :*

[**44**] (15) *Յայնժամ լալ սկսաւ Եւա, և ասէ. Եկայք լուարուք ինձ և պատմեցից ձեզ զառակս [1] զայս, որպէս զ իարդ եղեն [2] յանցանք [3] մեր : Ի ժամանակին յորժամ [4] պահէր Հայր [5] ձեր զվիճակ բաժանի [6] իւրոյ զոր տուեալ էր նմա յԱստուծոյ, և ես պահէի իմում [7] վիճակին ի կողմանէ ⌜արեւմտից և ի Հարաւոյ [8] գնաց Սատանայ ի վ իճակ Հաւր ձերոյ, ուր էին գազանքն, կոչեաց զաւձն և ասէ ցնա. Արի եկ դու առ իս, քանզ ի [9] զգազանս բաժանեաց Աստուած և ետ մեզ [10]. զարուսն [11] ետ Հաւր [12] ձերոյ և ⌜զէգսն ետ ինձ [13], և սնուցանէաք մեք ըստ իւրաքանչիւր որում հասեալ էր :*

[**44**] (16) *⌜Եւ ասէ Սատանայ ցաւձն [1]. Արի եկ դու առ իս [2] և ասեմ քեզ բան մի [3] ինչ ⌜որ և [4] շահ լինի [5] քեզ : Յայնժամ եկն [6] առ նա աւձն, և ասէ ցնա Սատանայ. Լսեմ [7] զ ի իմաստուն [8] ես դու քան զամենայն գազանս, և [9] ես եկի*

43 (14) [1] *Թագստեայ* BC — [2] + *նա* BC — [3] *ծառոյ* A

44 (14) [1] *տաղավարն* B — [2] + *կայր* B — [3] *կերակրոյ* B — [4] + *ադամ* BC — [5] *ցաւս* B — [6] *իմ* C — [7] + *ամենայն* B — [8] *զաւակաց մերոց* C — [9] *այրոյհետև* B : corrupt — [10] *անցանքն* B — [11] *ահաւսիկ* B : corrupt — [12] *զաւրութեան մերոյ* B *զաւրութեանս իմոյ* C lege — [13] *էին* C — [14] *մէնջ* B *ի մէնջ* C lege — [15] *ասիցեն* C — [16] om B — [17] *մայրն* BC — [18] *զչարիս զայս* BC lege : cf. Lat I omnia mala; but Lat II III haec mala

[**44**] (15) [1] *զզառակս* B — [2] *եղև* B — [3] *անցանքն* B *յանցանքն* C — [4] *յոր* B — [5] *Հայրն* C — [6] *բաժնի* BC — [7] *յիմում* BC — [8] *Հարաւոյ և արևմտից* BC lege : Gk νότον καὶ δύσιν — [9] + *և* BC — [10] *ցմեա* BC — [11] + *այն* BC — [12] *Հօրն* B — [13] *զէգն ինձ ետ* B *ինձ* partly obliterated A

[**44**] (16) [1] *գնաց Սատանայ ի վ իճակ Հօր ձերոյ կոչեաց զօձն և ասէ ցնա* BC : dittgr — [2] *յիս* C — [3] om BC — [4] *ուստի* B *ուստի և* C — [5] *լինին* C — [6] *եկ* A — [7] *եւ* above ln A — [8] *իմաստնագոյն* BC — [9] om B —

տեսանել զքեզ [10]. զի [11] չիք [12] նման հանճարոյ [13] քո. որպէս և Ադամ տայր կերակուր ⸢ամենայն գազանաց [14], նոյնպէս և դու : Եւ ապա յորժամ գնացին գազանքն երկիր պագանել [15] Ադամայ. գնաց [16] և Սատանայ ընդ նոսա և ասէ ցաւձն. Ընդէ՞ր [17] ⸢դու երկիր պագանես [18] Ադամայ ամենայն [19] առաւաւտ [20]. յառաջ ⸢դու ես եղեալ [21] քան զնա [22]. զիա՞րդ ⸢երկիր պագանես առաջինդ յետնոյ [23], այլ պարտ է փոքուն ⸢երկիր պագանել աւագին [24], ընդէ՞ր երկիր պագանես, կամ կերակրիս դու յԱդամայ [25], և ոչ կերակրիս դու ի պտղոյ դրախտին : Աղէ, արի, եկ դու առ [26] իս և լուր ⸢զոր ինչ [27] ասեմ քեզ [28]. հանցուք զԱդամ ի դրախտէս, որպէս զմեզ. ⸢զի դարձեալ [29] մեք մտցուք ի դրախտ [30] անդր : Եւ [31] ասէ աւձն. Ո՞րպէս և [32] կամ զիա՞րդ մարթասցուք [33] հանել զնա ի դրախտէն : Ասէ Սատանայ ցաւձն. Լեր [34] դու ինձ ի կերպս [35] քո քնար, և ես խաւսեցայց ընդ բերան քո բան [36], որպէս մարթասցուք [37] մեք աւգտել :

[**44**] (17) Եկին այնուհետեւ երկոքեանն [1] առ իս, և կախեցին զոտս իւրեանց զորմով դրախտին : Իբրև [2] վերացան հրեշտակքն յերկրպագութիւն Տեառն, ⸢և յայնժամ [3] եղև Սատանայ ի կերպս [4] հրեշտակի և աւրհնէր զԱստուած զաւրհնութիւնս [5] հրեշտակաց. խոնարհեցայ ես առ որմովն, և միտ դնէի աւրհնութեանց նորայ. հայեցայ և տեսի զնա ի նմանութիւն հրեշտակի. դարձեալ [6] իբրև հայեցայ և [7] ոչ տեսի զնա : Գնաց այնուհետև և կոչեաց զաւձն, և ասէ ցնա. Արի [8] եկ դու առ իս զի մտից [9] ի քեզ և խաւսեցայց ընդ բերան քո, որչափ և պարտ իցէ ինձ խաւսել : Յայնժամ [10] եղև նմա աւձն [11] և [12] քնար, և եկն [13] դարձեալ ի պարիսպ դրախտին. աղաղակեաց և ասէ. Ով կին, դու որ ի ⸢դրախտիդ փափկութեան [14] կուրացեալ ես. արի [15] եկ դու առ իս և [16] ասացից քեզ բանս ինչ :

[10] + և (om C) զտի զքեզ յամենայն գազանս BC lege : cf. Gk εὗρον δὲ σὲ μείζονα πάντων τῶν θηρίων — [11] om B — [12] + ոք BC — [13] հանրոյդ B — [14] յամենայն գազանցն B ամենայն գազանացն C — [15] պագան B — [16] գն B — [17] ընդ դու էր B — [18] պատանես դու երկիր BC — [19] յամենայն C — [20] առաւօտս B — [21] դու եղեալ ես B եղեալ ես դու C — [22] զդա BC — [23] է զի առաջինդ (առջինդ B) յետնոյդ (—նոյն C) երկիր պագանես BC — [24] աւագին երկիր պագանել (պանել B) BC — [25] ադամայ B — [26] om B — [27] զինչ C — [28] + եկայք B — [29] զդարձեալ B + և BC — [30] դրախտն B — [31] om B — [32] om BC — [33] մարդասցուք B մարդիցեմք C — [34] լուր B : corrupt — [35] կերպարանս B — [36] բեանս B բանս C — [37] մարթացուք B

[**44**] (17) [1] երկոքինն C — [2] և precedes B — [3] յայնմ ժամանակի BC — [4] կերպ B — [5] աւրհնութիւնս B — [6] և precedes B — [7] om B — [8] ար B : corrupt — [9] + ես BC — [10] յայնմ ժամանակի BC — [11] անձն C — [12] om BC — [13] + նա BC — [14] ~ B — [15] արդ B — [16] + ես B —

Ես իբրև գնացի առ նա, ասէ [17] ցիս. Դու ե՞ս Եւա. և [18] ասացի. Այո, ես եմ : Պատասխանի [19] ետ և ասէ. Զի՞նչ գործես ի <դրախտի> [20] այդր : Ասեմ ցնա. Աստուած եդ զմեզ ի դրախտի [21] պաՀպանութեան : Պատասխանի ետ Սատանայ ⌜և ասէ ցիս [22] ընդ բերան աւձին. Բարի է գործդ, բայց աղէ ուտէք դուք <յամենայն> [23] ծառոցդ [24] որ ի դրախտի աստէն : Ասեմ [25] ցնա. Այո, յամենայնէ կերակրիմք, բայց միայն [26] ի ⌜միոջէն ծառոյ [27] որ է իսկ ի մէջ դրախտիս, վասն որոյ ⌜պատուիրեաց Աստուած մեզ [28] թէ [29] մի կերակրիք ի նմանէ [30]. ապա թէ [31] ուտիցէք մաՀու [32] մեռանցիք [33] :

[**44**] (18) Ցայնժամ ասէ աւձն. Կենդան [1] է Տէր, զի մեծ Հոգամ վասն քո [2] զի իբրև զանասուն [3] էք, վասն զի խորեաց Աստուած [4] ի ձէնջ, այլ ոչ կամիմ ես [5] եթէ ⌜տգէտք լինիցիք. աղէ [6] ⌜գնա դու [7] և կեր ի ծառոյ անտի. և տեսանես զինչ լինելոց է քեզ պատիւ [8] : Եւ ասեմ ցնա. Երկնչիմ գուցէ մեռանիմ [9] որպէս ասաց ⌜ցմեզ Աստուած [10] : Պատասխանի ետ աւձն ⌜Հանդերձ Սատանայիւ [11] և ասէ ցիս. Կենդանի է Տէր [12], զի ոչ մեռանիք [13], այլ որժամ [14] կերակրիք [15] բանին աչք ձեր և լինիցիք [16] որպէս [17] զԱստուած ճանաչել զբարի [18] և զչար. բայց գիտ<աց> [19] Աստուած եթէ նմանողք լինիք նմա. նենգեաց ձեզ [20], զի ասաց [21] եթէ մի կերակրիք [22] ի նմանէ [23]. և ասէ [24]. Հայեա դու ի ծառն և տես զինչ փառք են շուրջ զծառովն [25] : Ասեմ ցնա. Բարի է ծառն և Հաճոյ ⌜թուեցաւ յաչս իմ [26], բայց գնալ և առնուլ ի մրգոյ անտի ոչ կարեմ. երկնչիմ. ⌜ապա թէ [27]

[17] + նա C — [18] om C — [19] B om from here to պատասխանի 2°, hmt — [20] C դրախտ A — [21] Two unclear letters follow A — [22] after աւձին B — [23] ամենայն A — [24] ծառոց B պտղոց C : corrupt — [25] ցնասեմ B : corrupt — [26] մեան B — [27] միոջէ ծառոյն BC — [28] պատուէր յետ մեզ աստուած B պատուիրեաց մեզ աստուած C — [29] եթէ BC — [30] նմանէն B — [31] եթէ BC — [32] մաՀոյ B — [33] մեռանիցէք C

[**44**] (18) [1] կենդանի C — [2] ձեր B lege : cf. Gk ὑμῶν — [3] զանասունք BC lege : cf. Gk κτήνη — [4] om B — [5] precedes ոչ BC — [6] անգէտք լինիք աղէ աղէ B — [7] ~ BC — [8] precedes լինելոց BC — [9] մեռանիցիմ BC — [10] աստուած ցիս BC + ասէ սատանայ. զինչ է կամ զիարդ ոք մեռանիցի, բայց միայն զբանդ զայդ լուր (լուա C). ասեմ ցնա. ոչ գիտեմ (ուտեմ C) BC — [11] om BC — [12] աստուած BC — [13] մեռան B — [14] յորժամ C — [15] կերակիք B — [16] լինիք BC — [17] իբրև BC — [18] զբար B — [19] գիտ A : corrupt — [20] ի ձէնջ BC — [21] + Աստուած C — [22] կերակիք դուք B : cf. 15 — [23] դմանէ B — [24] +աղէ B — [25] + ես իբրև Հայեցայ (+ ի ծառն B) և տեսա (ես տեսի զծառն զի C) մեծ փառք էին շուրջ զնովաւ BC lege : Gk ἐγὼ δὲ πρόσεσχον τῷ φυτῷ, καὶ ἴδον δόξαν μεγάλην περὶ αὐτοῦ — [26] թուեց աչս եմ B : corrupt — [27] աղէ եթէ BC : lege —

ոչ երկնչիս դու [28] բեր ինձ ի մրգոյ անտի և կերայց, զի ծանեայց [29] եթէ ⌜իցեն բանք քո ճշմարիտ թէ ոչ [30]. կոչեաց այնուհետեւ աւձն [31] զիս [32] և ասէ. Եկ բաց զդուռն ինձ և մտից և տաց քեզ ի մրգոյ անտի :

[**44**] (19) Իբրև եկն [1] եմուտ ⌜գնաց սակաւիկ [2] մի ի մէջ դրախտին և զտեղի առ [3]. ասեմ ես [4]. Զի առեր զտեղի. ⌜ասէ ցիս [5]. Գուցէ իբրև քեզ տամ [6] ուտել [7], բանին աչք քո և լինիցիս [8] իբրև [9] զԱստուած, նենգեսցես [10] Ադամայ և ⌜ոչ տաս [11] ուտել նմա ի մրգոյ անտի և լինի նա իբրև զանասուն առաջի քո. [12] այլ եթէ կամիս դու [13] երդուիր ինձ ճշմարիտ եթէ տայցես [14] նմա ուտել և ոչ նենգեսցես [15] առն քո [16] Ադամայ : Ասեմ ցնա. Զերդումն [17] ես ⌜ինչ ոչ [18] գիտեմ թէ [19] որով երդնում, [20] բայց զոր գիտեմ ասեմ քեզ. տնկաւք դրախտի [21] և քերովբէիւք և սերովբէիւք, և որ նստի Հայր ի յերկինս և [22] իջանել ի դրախտս [23]. թէ [24] կերայց և ծանեայց [25] զամենայն ինչ [26], այլ տաց ուտել [27] առն իմում [28] Ադամայ [29] : Իբրև երդմամբ ընկալաւ զիս, ապա առաջնորդեաց ինձ և տարաւ զիս ի ծառ անդր, և ել ինքն ի ծառն. և եդ նա [30] զխափէութիւնն [31] ի պտղոյ [32] նորա, այսինքն [33] ցանկութիւն [34] մեղաց, պոռնկութիւնք, շնութիւնք, ագահութիւնք. ⌜և խոնարհեցոյց [35] զոստս [36] ծառոյն, մինչև երկիր [37]. և [38] առի ⌜յայնժամ ի մրգոյ անտի և կերայ [39] :

[**44**] (20) Եւ ի ժամուն [1] այնմիկ [2] գիտացի ես աչաւք իմովք եթէ ⌜մերկացայ ես [3] ի փառացն [4] զոր զգեցեալ [5] էի. ⌜այնուհետեւ սկսայ լալ [6] և ասեմ. Զի°նչ

[28] + եկ C — [29] ծանեաց B — [30] ճշմարիտ է բանքդ քո թէ չիցեն B իցեն ճշմարիտ բանք քո եթէ ոչ C — [31] զօձն B — [32] ցիս after ասէ BC

[**44**] (19) [1] om B — [2] գնա սակաւ B — [3] էառ C — [4] + ցնա BC — [5] նա այնուհետև որդեակ իմ սէթ. մտախորհ եղև և ասէ ցիս. զղջացեալ եմ զմտանելս իմ զի BC — [6] տացեմ BC — [7] + և BC — [8] լինիս BC — [9] om C — [10] նենգես BC — [11] չի տայցես B չտացես C — [12] + որպէս և զձեզն եսպան BC — [13] om B before կամիս C — [14] տայց B տացեմ C — [15] նենգեցից C — [16] քում B իմում C — [17] երդումն B — [18] ~ C — [19] om BC — [20] + քեզ BC lege : cf. Gk σοι — [21] դրախտիս BC — [22] om B — [23] դրախտն C — [24] զի եթէ BC — [25] ծանեաց B — [26] + ոչ խորեցից BC : lege — [27] om C — [28] իմոյ B — [29] + և BC — [30] նախ C — [31] զխաբէութիւն B զխաբէութիւնն C recte — [32] պտուղ B — [33] + են BC — [34] ցանկութիւնք B — [35] խոնարհեցոց B + նա C — [36] զոստ B — [37] յերկիր C — [38] om B — [39] այնոյհետև (այնուհետև C) և (om B) կերայ ի մրգոյ անտի BC

[**44**] (20) [1] ժամանակին B ժամանակի C — [2] յայնմիկ C — [3] մերկաց B : corrupt — [4] + և ի զոհութենէն BC — [5] սգեցեալն B զգեցեալն C — [6] լալ սկսայ այնուհետեւ BC —

արարեր ինձ ⸢<այլ ոչ ևս ճգնէի ես վասն մարտին զոր եղեալ էր ինձ> [7] թշնամի [8] : Յայնժամ [9] գիտացի այնուհետեւ եթէ [10] այս առաջնորդեացէ [11] ինձ յանդունդս [12] դժոխոց : Զայս իբրև արար Սատանայ էջ [13] ի ծառոյ անտի, և եղև [14] թագստեա ի ⸢դրախտին. և [15] ես խնդրէի ⸢ի դրախտի [16] յանտ [17], ⸢յիմում կողմանս [18] տերևս ծառոյ [19] ծածկել զիս [20] և ոչ գտանէի [21], քանզի ի ժամուն [22] այնմիկ [23] տերևաթափ լեալ [24] էր ամենայն ծառք [25] դրախտին, բայց միայն ի թզենոյ անտի. առի և ծածկեցի զմերկութիւն իմ. և կացի առ ծառոյն յորմէ կերայ. երկեա [26] որդեակ իմ Աէթ վասն երդմանն զոր երդուայ եթէ տաց ուտել ⸢առն իմում [27] Ադամայ :

[**44**] (21) Աղաղակեցի ի ձայն մեծ Ադամայ [1]. Արի եկ [2] առ իս և ես ցուցից քեզ զառակս զայս : Յայնժամ Ադամ ⸢մեծ փառաւք իւրով [3] եկն [4] առ իս. և ետու ⸢ուտել նմա [5] ի մրգոյ անտի. և արարի զնա իբրև զիս. եկն և նա այնուհետև առ ⸢տերև թզենոյն [6]. և ծածկեաց զմերկութիւն իւր :

[**44**] (22) Յետ այնորիկ լուաք [1] զի Գաբրիէլ հրեշտակն փող հարկանէր ⸢և կոչեաց [2] զհրեշտակսն [3] ամենայն և ասէր ցնոսա [4]. Զայս ասէ Տէր. եկայք առ իս զի ձեւք [5] հանդերձ իջի [6] ես ի դրախտն, և լուարուք դուք [7] դատաստանի իմում զոր ինչ դատեմ [8] ես զԱդամ : Եւ իբրև լուաք մեք զձայն փողոյ հրեշտակին [9] գիտացաք եթէ [10] Աստուած գալոց է ի դրախտս [11] դատել զմեզ, ելեալ ի կառս քերոբէից. և [12] հրեշտակք աւրհնէին զնա. երկաք այնուհետև և ի թագըստի [13] եղաք. եկն Աստուած ի դրախտն [14] և ծաղկեցան ամենայն տունկք [15] դրախտին. և արկ զաթոռ [16] իւր մեր<ձ> [17] առ ծառն [18] կենաց :

[7] om A : hmt — [8] թշամոյն B : corrupt, թշնամին C — [9] om BC — [10] թէ C — [11] առաջնորդէ BC — [12] անդուդս B : corrupt — [13] + այնուհետև BC — [14] + ի B + նա C — [15] դրախտի անդ BC — [16] om B — [17] անդ BC — [18] իմում (յիմում C) կողմանն BC — [19] om BC : ? recte — [20] զմերկութիւն իմ BC lege — [21] + ամենայն տունկս B յամենայն տունկս C ? lege Gk AE ἀπὸ τῶν φυτῶν — [22] ժամանակին BC — [23] յայնմիկ C — [24] եղեալ BC — [25] ծառ ի B — [26] կերկեա B — [27] և BC

[**44**] (21) [1] և ասեմ աղամ BC — [2] + դու B — [3] om B իւրովք C — [4] follows յայնժամ BC — [5] ~ BC — [6] թզոյ տերևք անտէ B տերև ի թզենոյ անտի C

[**44**] (22) [1] լուաւ B լուաք C — [2] կոչէր B և կոչէր C — [3] զհրեշտակս B — [4] om BC — [5] ձիւք B ձեաւ C — [6] իջից BC lege — [7] om B — [8] դատիմ C — [9] հրեշտակապետին B — [10] թէ B — [11] + ի B — [12] om B — [13] թագստեա BC — [14] + տերևեցան BC — [15] կուտք BC — [16] զաթուռ B — [17] մեր A — [18] ծառ B

[**44**] (23) *Կոչեաց Աստուած զԱդամ և ասէ. Ադամ, Ադամ, ու՞ր ես. Համարիս եթէ թաքուցեալ ես*[1] ⌜*և ասես եթէ*[2] *ոչ գիտէ նա զիս. մի՞թէ թաքչել*[3] *կարէ շինուածն ի շինողէ*[4] *անտի. զի թագուցեալ*[5] *ես առ ծառովդ*[6] *ձիթենոյ*[7]*: Պատասխանի*[8] *ետ Ադամ և ասէ. Ոչ Տէր, ոչ եթէ թաքուցեալ*[9] *Համարիցիմ թէ*[10] *ոչ գտանիցես զիս, այլ երկեայ, զի մերկ եմ, և ամաչեմ : Ասէ ցնա Աստուած.* ⌜*Ո՞ եցոյց*[11] *քեզ մերկ լինել, եթէ ոչ թողեալ* ⌜*էր քո*[12] *զպատուիրանն իմ*[13] *զոր ետու*[14] *քեզ պաՀել զնա : Յայնժամ*[15] *յիշեաց Ադամ զբանն զոր ասաց նմա գործել և պաՀել. ասէ Ադամ. Կինս*[16] *զոր ետուր,* ⌜*սա խափեաց*[17] *զիս* ⌜*և կերայ : Եւ*[18] *դարձաւ*[19] *առ իս և ասէ. Ընդէ՞ր արարեր*[20] *զայդ : Յիշեցի*[21] *ես զբան*[22] *աւձին և ասեմ. Աւձն խաբեաց զիս :*

[**44**] (24) *Եւ*[1] *ասէ այնուՀետև Աստուած ցԱդամ. Փոխանակ զի լուար ձայնի*[2] *կնոջ քո և անցեր զպատուիրանաւ իմով, նախատեալ լինիջիր*[3] *դու ի վերայ երկրի*[4]*.* ⌜*վաստակեալ եղիցիս*[5] *ի նմա*[6]*. փուշ և տատաս*<*կ*>[7] *բուսցի քեզ. քրտամբ*[8] *երեսաց քոց*[9] *կերիցես զՀաց քո*[10]*, և մի լիցի քեզ Հանգիստ. քաղցիցես*[11] *և յագեսցիս*[12] *և*[13] *նեղեսցիս ի դառնութենէ*[14]*. և ապա ճաշակիս*[15] *ի քաղցրութենէ. ճգնեսցիս*[16] *ի տաւթոյ*[17] *և նեղեսցիս*[18] *ի ցրտոյ, աղքատասցիս*[19] *և մեծասցիս,* ⌜*և որ*[20] *տիրէիր*[21] *գազանաց*[22] *յարիցեն*[23] *ի վերայ քո անզգամութեամբ, վասն զի* ⌜*անցեր դու*[24] *զպատուիրանաւ իմով և ոչ պաՀեցեր :*

[**44**] (23) [1] *է* B — [2] om BC — [3] *թաքչիլ* B — [4] *շինողէն* B — [5] *թաքուցեալ* C — [6] *ծառոյդ* B — [7] *ձիթենոյտ* B *ձիթենեաւ* C — [8] *պատասխան* B — [9] *թագուցեալ եմ* B — [10] *եթէ* BC — [11] *ով ցիւցուց* B — [12] *էիր* B — [13] om BC — [14] *տըւի* B — [15] *յայն* B : corrupt — [16] *տէր կինն* BC — [17] *ինձ նա խաբեաց* BC — [18] om BC — [19] *դառձաւ* A — [20] + *դու* B — [21] *յիշեց* B : corrupt — [22] *բան* B

[**44**] (24) [1] om B — [2] *պատգամի* B — [3] *լիջիր* BC — [4] *յերկրի* B — [5] *վաստակեսցես* (*–ցիս* C) BC — [6] + *և նա մի տացէ զզօրութիւն* (*քեզ զօրութ.* C) *իւր* BC lege : cf. Gk *καὶ οὐ δώσει* (+ *σοι* AC) *τὴν ἰσχὺν αὐτῆς* — [7] *տատասս* A — [8] *զքիրտ* B — [9] *քո* B — [10] + *լիջիր* (*լիջի[* C) *դու աշխատեալ ի բազուկս քո ի բազում կարգս* BC : perhaps original cf. Gk *ἔσῃ δὲ ἐν καμάτοις πολυτρόποις*. — [11] *քաղցեսցիս* AB — [12] *ագեսցես* B — [13] om BC — [14] *դառնութենութենէ* B : corrupt — [15] *ճաշակեսցես* BC : lege — [16] *ճգնիցիս* C — [17] *տաւթու* B — [18] *նեղիցիս* C — [19] + *աղ* B : corrupt — [20] *գիրասցիս և տկարասցիս և որոյ* BC lege : Gk *καὶ παχυνθήσει καὶ … μὴ ὑπάρξεις* — [21] *տիրէիրն* B — [22] *գազանացն* BC — [23] *արիեանան* B — [24] *դու անցիր* B

[**44**] (25) *Դարձաւ Աստուած և ասէ ցիս. փոխանակ զի լուար* [1] *դու աւձին* [2]. *լիջիր դու ի վաստակս և ի ցաւս. ծնցիս որդիս բազումս, և* [3] *ի ժամանակի* [4] *ծննդեան ⌜վախճանեսցի<ս ի>* [5] *կենաց քոց, և ի մեծ վշտաց քոց և ի ցաւոց խոստովանեսցիս* [6] *բերանով քոյով* [7] *և ասասցես. Եթէ ապրեցայց ի վշտացս յայսցանէ* [8], *ոչ ևս արարից դարձ յայրն* [9] *իմ. և* [10] *իբրև ելանիցես* [11] *ի վշտացն, դարձ արասջիր* [12] *դու առժամայն* [13] *յերկիր այսր. զի ի բերանոյ* [14] *քումմէ դատապարտեսջիր* [15], *վասն զի խոստովանեցար ի ⌜տագնապեալ ցաւն* [16] *եթէ ոչ դարձայց* [17] *յերկիր* [18] *այսր. և ապա դարձար* [19] *ի ⌜նոյն ցաւքն* [20]. *ծնցիս որդիս և գթաւքդ* [21] *դարձիս առ այր քո, և նա տիրեսցէ քեզ* :

[**44**] (26) *Եւ ետ* [1] *ասելոյն ինձ զայս ամենայն* [2], *բարկացաւ Տէր* [3] *ի վերայ աւձին բարկութեամբ մեծաւ և ասէ. Փոխանակ զի արարեր դու զայդ և եղեր* [4] *քնար մոլորեցուցին* [5]. *անիծեալ* [6] *լիջիր դու ⌜ամենայն անասնոց* [7]. *արգելջիր ⌜դու ի կերակրոց քոց* [8]. *Հող կերակուր լիցի քեզ ⌜և ի վերայ լանջաց* [9] *և ⌜որովայնի քում գնասցես* [10]. *արգելցին ոտք քո* [11] *և ձեռք քո և մի լուիցեն* [12] *ականջ<ք>* [13] *քո* [14]. *<և մի ինչ յանդամոց* [15] *քոց* [16]. *նմանութիւն խաչին* [17] *զորդին իմ ⌜բերելոց է* [18] *յերկիր. վասն այսորիկ* [19] *զոր դու* [20] *խաբեցեր. լքեալ և խզեալ լիջիր դու վասն չարութեան սրտի քո* [21]. *Թշնամութիւն եդից ⌜ի մէջ* [22] *քո և զաւակին Ադամայ. դու նորա զարշապարին սպասցես* [23] *և նա քում գլխոյդ. մինչեւ յաւրն* [24] *յորում տանջեսցիք* [25] :

[**44**] (25) [1] *լսեցեր* B — [2] + *և անցեր զպատուիրանաւ իմով* BC lege : cf. Gk *καὶ παρήκουσας τὴν ἐντολήν μου* — [3] om B — [4] *ժամանակ* C — [5] *վախջանեսցի* A : corrupt — [6] *խոստովանեսցիս* B *խոստովանիս* C — [7] *քով* B *քո* C — [8] *այսցանէ* B — [9] *այր* B *յայր* C — [10] + *ապա* BC + *իբրև* A : corrupt — [11] *ելանիցիս* B — [12] *արասցջիր* C — [13] *առժաման* B — [14] *բերոյ* B : ? corrupt — [15] *դատեսջիր* B — [16] *տագնապել ցաւոցն* B — [17] *դարձար* B — [18] *երկիր* B — [19] *դարձայց* C : corrupt — [20] *նոյնն ցաւօք* B lege — [21] *գթօք* BC

[**44**] (26) [1] *յետ* BC lege — [2] + *և ապա* B + *ապա* C — [3] om BC — [4] *որ եղար* B — [5] *չ* above *ց* 2° A *մոլորեցուցանել լքեալ սրտիւքդ* BC lege : cf. Gk *ἕως ἂν πλανήσῃς τοὺς παρειμένους τῇ καρδίᾳ* — [6] *նզովեալ* BC — [7] *յամենայն անասունս* BC — [8] *ի* (om B) *կերակրոյ քումմէ* BC + *զոր կերակրէիր* BC lege : cf. Gk *ἧς ἤσθιεις* — [9] *ի լանջ* B *ի լանջս* C — [10] *ի պորտս քո սողասջիր* (*սողեսջիր* C) BC — [11] C om to *ականջ<ք> քո*: hmt — [12] *լուիցի* B — [13] ed *ականջ* A *ականք* B — [14] A om to end of [44] (30) — [15] *յանդամոց* B — [16] + *ի* B — [17] B *խաջին* C — [18] *բերցէ* B — [19] *այնոցիկ* B — [20] *դուն* B — [21] om B — [22] om B — [23] *սպասես* B : corrupt — [24] *օրն* B — [25] *տանջիցիք* B

[**44**] (27) *Զայս իբրեւ ասաց Աստուած, հրամայեաց հանել զմեզ ի դրախտէն. և վարեցին հրեշտակքն հանել զմեզ : Աղաչեաց Ադամ զհրեշտակս* [1] *և ասէ. Թողացուցէք ինձ սակաւիկ մի, զի աղաչեցից զԱստուած վասն յանցանաց* [2] *իմոց, թերեւս տացէ ինձ ապաշխարութիւն, և ոչ հանէ* [3] *ի դրախտէս : Թողացուցին նմա հրեշտակքն ի հանելոյ ⸢ի դրախտէ* [4] *անտի. և ասէ Ադամ. Շնորհեա ինձ Տէր Աստուած, զի մեղա քեզ : Յայնժամ ասէ Տէր <ցհրեշտակս>* [5]*. Մի տայք դմա առնուլ զտեղի, այլ հանէք* [6] *ի դրախտէս. միթէ իմ* [7] *մեղանք իցեն կամ ի զուր ինչ դատիմ* [8] *: Յայնժամ* [9] *հրեշտակքն երկիր պագին Աստուծոյ և ասեն. Արդար ես դու* [10] *Տէր և ուղիղ* [11] *են իրաւունք քո :*

[**44**] (28) *Դարձաւ Ադամ և ասէ ցԱստուած. Տէր իմ. աղաչեմ զքեզ, տուր ինձ ի ծառոյն կենաց* [1] *զի կերայց ես մինչչև* [2] *ելեալ իցեմ ի դրախտէս : Եւ ասէ Տէր* [3] *ցԱդամ. Ոչ ունիս դու առնուլ ի նմանէ* [4] *ի կեանս քո, քանզի հրաման ետու սերոբէից շարջանակի* [5] *պահել զնա զ ինուք վասն քո. զի այլ մի ևս ճաշակեսցես դու ի նմանէ և լինիցիս անմահ, և ասես եթէ ⸢ահա որ* [6] *ոչ մեռայց, և պարծեսցիս* [7] *ի նմա, և յաղթեսցես* [8] *դու պատերազմին, զոր* [9] *եդեալն է թշնամոյն* [10] *ընդ քեզ. այլ իբրև ելանիցես դու ի դրախտէ անտի* [11]*, և պահեսցես զանձն քո ի չարախաւսութենէ, ⸢ի պոռնկութենէ* [12]*, ի շնութենէ, ի կախարդութենէ, յարծաթ* [13] *սիրութենէ, ի զաւշաքաղութենէ, և յամենայն* [14] *մեղաց. և ապա յարիցես ի մահուանէ անտի, որ լինելոց է յարութիւն. և յայնժամ տացից քեզ ի ծառոյն կենաց և լինիս դու անմահ մինչև յաւիտեան :*

[**44**] (29) *Զայս իբրև ասաց Աստուած, հրամայեաց հանել զմեզ* [1] *ի դրախտէ անտի. լալ սկսաւ Ադամ առաջի հրեշտակացն. ⸢և ասեն ցնա հրեշտակքն* [2]*. Զի՞նչ կամիս և* [3] *առնեմք քեզ : Պատասխանի ետ Ադամ և ասէ ցհրեշտակսն. Աղաչեմ զձեզ թողացուցէք սակաւիկ մի. զի առից ընդ իս* [4] *խունկս անուշունս ⸢ի դրախտէ աստի. զի իբրև ելանիցեմ աստի. մատուցանեմ Աստուծոյ խունկս*

[**44**] (27) [1] *զհրեշտակսն* B — [2] *անցանաց* B — [3] *հանցէ* B — [4] om B perhaps recte — [5] B *ցհրեշտակք* C — [6]+ *զադամ* B — [7]+ *ինչ* B — [8] *դա/–դատիմ* B : dittgr — [9] *յայնմ ժամանակի* B — [10] om B — [11] *ուղեղ* B

[**44**] (28) [1] om B : corrupt — [2] *մինչև* B — [3] *Աստուած* B — [4] *դմանէ* B — [5] *շուրջ* B — [6] om B — [7] *պարծեսցես* B — [8] *յաղթես* B — [9] *որ* B — [10] precedes *պատերազմին* B — [11] *աստի* B — [12] om B — [13] *արծաթոյ* B — [14] *ամենայն* B

[**44**] (29) [1] *ըզմեզ* B — [2] om B — [3] om B — [4] *յիս* B —

անոյշս [5], և պատարագս. զի թերեւս [6] լուիցէ մեզ Աստուած : Թողացուցին նմա Հրեշտակք [7] և առ [8] ընդ իւր խունկս անուշունս [9]. Հիւրիկս և ասպրամս : Առաք զայն և ելաք ի դրախտէ աստի ⌜յերկիրս այս [10] :

[**44**] (30) Արդ որդեակք [1] իմ, Սէթ. ցուցից [2] ձեզ զառակս զայս, որպէս զ իա՞րդ յանցեաք [3] : բայց դուք զգուշացարուք [4] զբարիս գործել. մի թողուք ի բաց զպատուիրանն Աստուծոյ, և մի մերժիք յողորմութենէ [5] նորա : Ահա զամենայն [6] աւրինակ Հատուցման զբարոյ և զ չարի ցուցից ձեզ : >

45 (31) Ի [1] ժամանակին իբրև [2] կայր Ադամ ի Հիւանդութեանն և նոքա շուրջ կային զնովաւ, ⌜քանզի աւր մի միուս [3] ևս [4] կայր ի [5] կենաց նորա, ⌜և ելանէր ոգին [6] Ադամայ [7] ի մարմնոյն : ⌜Պատմեաց Եւա զայս ամենայն, և դարձեալ Եւա ասէ ցԱդամ [8]. Ընդէ՞ր մեռանիս դու և ես կեամ [9]. զ ի՞նչ առնեմ քեզ կամ որչա՞փ [10] ժամանակս լինելոց եմ յերկրի յետ մաՀու [11] քո [12] պատմեսցես ինձ : Ասէ ցնա Ադամ. Միթէ զբաղեսցիս [13] ինչ [14] զերկրաւորս [15] այլ վարկիր զ ի զգուշ [16] մեռանիմք երկոքեանս, և զքեզ դիցեն ուր [17] եսն կայցեմ. բայց [18] իբրև մեռանիմ մի ինչ մերձենայք առ իս շարժել ի տեղոջէ անտի [19], մինչև Աստուած խաւսեսցի ընդ ձեզ վասն իմ. զ ի ոչ եթէ Աստուած մոռասցի զիս, այլ խնդրէ զանաւթն զոր իւրն [20] ստեղծեալ է [21] : Արդ, արի կաց յաղաւթս առ Աստուած մինչև ⌜տամ զոգի [22] իմ ի ձեռս նորա, որ ետ ցիս [23] զ ի ոչ գիտեմ [24] որպէս զիարդ [25] պաՀիցեմք Հայրն ամենայնի. բարկացի եթէ ողորմեսցի մեզ :

46 (32) Յայնժամ [1] յարեաւ Եւա, աղաչեաց զԱստուած և ասէ. Մեղայ Աստուած [2], մեղայ քեզ, ⌜Տէր իմ սիրելի [3], մեղայ ⌜ընտրելոյ քո [4] Հրեշտակաց [5],

[5] om B — [6] թերև B — [7] Հրեշտակքն B — [8] էառ B — [9] անուշից B — [10] երկիր այսր B

[**44**] (30) [1] որդեակ B lege — [2] ցուցի B : lege — [3] անցեաքն B — [4] ըսգուշացարուք B — [5] ողորմութենէն B — [6] զայս ամենայն B

45 (31) [1] իսկ precedes B — [2] մինչդեռ BC — [3] քանի մի օր միւս B քանզ ի աւր միւս C — [4] + այլ B — [5] om BC — [6] ելանելոյ Հոգոյն B ելանէր Հոգին C — [7] after մարմնոյն B — [8] յայնժամ ասէ ցնա Եւա. ո'Հ ադամ B և ասէ եւա ո'յ ադամ C -- [9] կենդանի մնամ B — [10] ցորչափ B յորչափ C — [11] մաՀուան B — [12] + զ ի BC — [13] զպաղիցիս B զբաղեսցես C — [14] ինձ BC : corrupt — [15] զերկրաւս BC — [16] զոյգ BC lege — [17] ու B — [18] + ես B — [19] աստի B — [20] om B — [21] after իւրն C — [22] տաց զՀոգի B — [23] + վասն BC — [24] գիտեմք B : ? recte cf. Gk οἴδαμεν — [25] արդ B : corrupt

46 (32) [1] յայնմ ժամանի B յայնմ ժամանակի C — [2] աստուծոյ B — [3] սիրելի տէր իմ (om C) BC — [4] ընտրելոց քոց BC lege — [5] Հրշտակաց B —

մեղայ քերոբէիցն՝ [6] մեղայ սերոբէիցն [7], մեղայ առաջի քո Տէր [8], աղաչեմ զամենիսեան [9] զոր ստացեալ է [10] Աստուծոյ յերկինս և յերկրի, զի բարէխաւսեսջիք առ Հայր ի [11] յերկինս ։ Եւ մինչդեռ [12] կայր յաղաւթս Եւա. ի ծունր իջեալ [13], ահա եկն առ [14] նա Միքայէլ Հրեշտակապետն [15] կանգնել [16] զնա, և ասէ. Արի Եւա յապաշխարութենէ [17] քումմէ, ⸢ահա յԱդամայ [18] առն քո [19] ել Հոգին ի մարմնոյ անտի ։

47 (38) Կանգնեցաւ Եւա, ⸢և ժողովեցան Հրեշտակք ամենայն [1] առաջի նորա ըստ իւրաքանչիւր կարգի. ոմանք ունէին բուրվառս ի ձեռս [2] իւրեանց, ոմանք ունէին փողս [3], և ոմանք ունէին [4] աւրՀնութիւնս [3] ։ Եւ ահա Տէր զաւրութեանց [5] ի կառս քերոբէից [6], և չորք Հողմ [7] ձգէին զնա, և քերոբէքն [8] սպասէին Հողմոցն այն [9]. և Հրեշտակքն գնային [10] առաջի նորա ։ Եկն Աստուած յերկիր [11] ի տեղի [12] ուր կայր մարմինն Ադամայ, և ամենայն Հրեշտակք [13] աւրՀնութեամբ [14] առաջի նորա ։ Եկն Աստուած ի դրախտն և ծաղկեցաւ [15] ամենայն տունկքն [16] և ամենայն մարդ [17] որ առ [18] Ադամ ⸢էին քուն [19] էառ զնոսա, բայց միայն ⸢Սէթ առաքինն արթուն էր [20] ⸢ըստ տեսչութեանն [21] Աստուծոյ ։

[**47**] (39) Եկն Աստուած առ մարմինն Ադամայ ուր կայր [1] մեռեալ, տրտմեցաւ Աստուած յոյժ և ասէ ի ձայն քաղցրութեան [2]. Ո՛ [3] Ադամ. զի՞նչ արարեր [4] զայդ. եթէ պաՀեալ էր [5] քո զպատուիրանն [6] իմ, ⸢ոչ ուրախ լինէին ի վերայ քո [7], ոյք իջուցին զքեզ յայդ [8] տեղիդ. բայց զուրախութիւն [9] նոցա դարձուցից [10] ի տրտմութիւն. և զտրտմութիւն քո դարձուցից [11] յուրախութիւն [12]. արարից [12] զքեզ ⸢սկիզբն ուրախութեան և նստուցից զքեզ [13] յաթոռ նորա, որ խաբեացն զքեզ և արկից զնոսա ի տեղի խաւարի և մաՀու ։

[6] քերովբէիցն BC — [7] սրովբէից B — [8] + և B — [9] զամենեսեան BC — [10] om B — [11] om BC — [12] դեռ B — [13] + և B — [14] ա[C —. [15] Հրշտակ B Հրեշտակն C — [16] կանգնեաց C — [17] յապաշխարութենէն B — [18] ահայ ադամա B ահա ադամա C — [19] om B

47 (38) [1] կացին ամենայն Հրեշտակքն և ժողովեցան ամենեքեան BC — [2] ձեռինս B — [3bis] trsp BC — [4] ունէի B : corrupt — [5] + եկեալ B — [6] քրովբէից B քերովբէից C — [7] Հողմք BC lege — [8] քրովբէքն B քերովբէքն C — [9] om BC — [10] + յւթներորդ (եւթներորդ B) երկնից BC — [11] երկիր B — [12] տեղին BC — [13] Հրեշտակքն B — [14] գնաին B կային C — [15] շարժեցան BC lege : Gk ἐκινήθησαν — [16] տունկն C — [17] մարդիկն B — [18] մօտ B — [19] կային քունն B — [20] ի սէթայ զի առաքին էր և BC — [21] ըստչութեան B ըստ տեսչութեանն C

[**47**] (39) [1] + ադամ B — [2] քաղցր իւրոյ B — [3] ոՀ B ոյ C — [4] արար B — [5] om C — [6] զպատուիրանսին B — [7] om B — [8] յայտ B — [9] ուրախութիւն B — [10] դարձուց B — [11] om B — [12] + և B — [13] om B : hmt

48 (40) Յետ [1] այսորիկ խաւսեցաւ Աստուած ցՄիքայէլ [2] և ասէ. Երթ դու ի դրախտն ⌜երկրորդ երկնից [3] և բեր [4] կտաւս երիս. ⌜իբրև եբեր [5], ասէ ⌜Աստուած ցՄիքայէլ [6] և ցՈվէլ [7] և ցԳա բրիէլ [8]. տարածեցէք զկտաւսդ և ծածկեցէք զմարմինս [9] Ադամայ, և բերէք իւղս [10] անուշս [11]. բերին և արկին զնովաւ. և <պատեցին> [12] զնա նովին [13] Հանդերձովն: Եւ իբրև կատարեցին զամենայն [14], Հրամայեաց Աստուած բերել զԱբելի մարմինն. բերին և յայլ [15] կտաւս և Հանդերձեցին զնա. քանզի կայր յաւրէ [16] յայնման <է> [17] նա [18] յորում [19] սպան զնա ⌜Կայեն անաւրէնն, [20] և կամեցաւ ծածկել զնա և ոչ կարաց, քանզի ի վաղվաղ էին մարմինք նորա ի Հողոյ անտի. ձայն եղև երկնից և ասէ. Ոչ է աւրէն ծածկել զդա երկրի [21], եթէ ոչ [22] առաջին ստեղծուածն դառնայ երկիր [23] ուստի եկն: Առին զնա այնուՀետև ի նմին քարաձերպէ [24] ուր էրն, մինչև մեռաւ Ադամ [25]. ապա յետ այսորիկ բերին զնա և արարին նմա զոր աւրինակ արարին Ադամայ Հաւր նորա. և <յ>ետ [26] Հանդերձելոյն [27] Հրամայեաց Աստուած առնուլ զերկոսեանն [28] և բերել [29] ի ⌜տեղին ուր [30] զՀող [31] առեալ էր և ստեղծեալ [32] զԱդամ: Ետ [33] փորել [34] ի տեղոջն [35] յայնմիկ [35a], և [36] առաքեաց Աստուած [37] բերել ⌜զխունկս անուշս և խունկս Հուրիկս. և ետ իւղս դնել [38] ի վերայ Հողոյն և ծածկել [39] զխունկսն [40]. ապա [41] <յ>ետ [42] այնորիկ առին զմարմին [43] երկոցունցն և եղին ի տեղոջն յորում ստեղծն [44]. փոխեցին և [45] արարին չիրիմ [46] ի վերայ նորա [47] :

48 (40) [1] և յետ C — [2] ցմիքայէ B — [3] երրորդ յերկնից B երրորդ երկնից C lege : cf. Gk ἐν τῷ τρίτῳ οὐρανῷ — [4] + ինձ BC lege : cf. Gk μοι — [5] և իբեր B — [6] ~ B — [7] ցովիէլ B ցյովէլ C — [8] գաբրիէլ C — [9] զմարմինսդ B զմարմինդ C — [10] եղս B — [11] անոյշս C + և B — [12] BC պատմեցին A — [13] նովիմբ B — [14] ի Հանդերձել (—եալ C) զնա (om C) Հրեշտակքն BC — [15] այլ BC — [16] յօրէն BC — [17] յայնման A յայնմա[2 B — [18] follows կայր BC — [19] որում B — [20] կայէն անօրէն BC — [21] յերկրի BC lege — [22] + նախ BC lege : cf. Gk ἕως οὗ — [23] յերկիր BC lege — [24] քարաձերպէն B —պին C — [25] + և B — [26] ետ A — [27] + զնա BC — [28] զերկոյսեանն B — [29] + ի կողմն (կողմ B) դրախտին BC lege : cf. Gk εἰς τὰ μερῆ τοῦ παραδείσου — [30] տեղին ուստի BC — [31] զՀողն follows էր BC — [32] ստել B : corrupt — [33] և ետ B — [34] փոխել BC — [35] ի տեղոչէն B տեղոջէն C — [35a] յայնմիկնէն B — [36] om BC — [37] և ետ (յետ B) BC — [38] իւղս անոյշս (եղս անուշունս B) և խունկս Հիւրիկս. և ասպրամս. և (յետ դնէր B) ետ դնել BC — [39] ծածկեալ C — [40] զունկսն B : corrupt — [41] և ապա BC — [42] ետ AB — [43] զմարմինս B զմարմինսն C — [44] ստեղծան B — [45] om C — [46] չիրիմ BC — [47] om BC

[48] (41) Կոչեաց Աստուած զմարմինն Ադամայ ⸢ի Հողոյ [1] անտի, և ասէ. Ադամ, Ադամ : Ասէ մարմինն Ադամայ ցՀողն. Պատասխանի տուր և ասա թէ աՀաւասիկ [2] Տէր : Եւ [3] ասէ ցնա Տէր. ԱՀա, որպէս ասացի քեզ թէ Ադամ Հող ես և ի ⸢Հող դառնաս [4], բայց յարութիւն [5] զոր խոստացաւ [6]՝ յարուցից զքեզ ի նմին [7] :

[48] (42) Եւ յետ [1] խաւսելոյն զայս Աստուծոյ, առ կնիք երեքկնի [2] և կնքեաց [3] զգերեզմանն Ադամայ, և ասէ. Մի ոք ինչ մերձեսցի յաւուրս յայսմիկ [4] մինչև դարձին մարմինք զորա ի դմա : Եւ ապա յայնժամ վերացաւ Տէր [5] յերկինս ⸢Հանդերձ Հրեշտակաւք իւրովք [6] սերոբէիւք [7] և լուսեղէն կառաւք յիւրաքանչիւր [8] կայանս [9]. Լցան և կատարեցան ժամանակք [10] Եւայի և [11] մեռանէր [12] : Սկսաւ լալ և խնդրէր [13] ճանաչել զտեղին ուր թաղեցաւ Ադամ, քանզի անտեղեակ էր. զի [14] ի ժամանակին իբրև եկն Աստուած [15] ի մաՀն [16] Ադամայ շարժեցան ամենայն տունկք [17] դրախտին. և ի սուրբ Հոգոյն քուն [18] էառ զամենայն [19] որ էին ի վերայ երկրի մինչև Հանդերձեցին զԱդամ, և ոչ ոք գիտաց ի վերայ երկրի բայց ⸢միայն Սէթ [20] : Դարձեալ աղաղակել [21] սկսաւ Եւա աղաչել զԱստուած զի տարցեն [22] զնա ի տեղին ուր թաղեցաւ [23] Ադամ : Իբրև [24] կատարեաց զաղաւթսն ասէ. ⸢Աստուած իմ Աստուած [25] արուեստից [26]. մի աւտարացուցաներ զիս ի տեղոջէն [27] Ադամայ, այլ Հրամայեա դնել զիս ի գերեզման [28] նորա. որպէս էաք [29] ի միասին ի դրախտին և չէաք մեկուսի ի միմեանց. որպէս [30] ի կենդանութեանն նոյնպէս ի մաՀու [31] մերոյ [32]. յորում [33] տեղոջ թաղեցաւ Ադամ, ⸢թաղեցայց և ես ընդ նմա : [34]

50 (42) Զայս իբրև ասաց աղաչելով [1], ել Հոգին ի նմանէ [2]. և [3] եկն Մի—

[48] (41) [1] ցՀողնոյ B — [2] աւասիկ եմ C — [3] om BC — [4] դոյն ունիս դառնալ BC — [5] յարութիւնն B ի յարութեանն C — [6] խոստացա BC lege : cf Gk ἐπαγγέλλομαι — [7] նմա BC

[48] (42) [1] ետ B — [2] երեքկինի B — [3] կնքեայ B : corrupt — [4] այս B յայս C — [5] + ի B — [6] Հրեշտակօք Հանդերձ BC — [7] սերովբէիւք BC — [8] իւրաքանչիւր B — [9] կայեանս BC — [10] ժամանակ B — [11] om BC — [12] + եա BC — [13] խնդէր B — [14] զի BC — [15] + երկիր B + յերկիր C — [16] մաՀ BC — [17] տունկ B — [18] քունն B — [19] զամենեսեան BC — [20] ~ BC — [21] om B — [22] տարցէ BC — [23] թաղեցաւ B — [24] և իբրև B — [25] տէր աստուած իմ BC — [26] արուստաւորաց B — [27] տեղոչէն B — [28] գերեզմանի C — [29] էաքն B — [30] + էաք B — [31] մաՀոյ A — [32] մերում BC lege — [33] որում B — [34] և ես թաղեցայց BC

50 (42) [1] և (om B) աղաչեաց զաստուած BC — [2] նմանէն B — [3] om BC

քայէլ Հրեշտակապետն [4] խաւսեցաւ [5] առ Սէթ և ուսոյց [6] նմա թէ որպէս Հանդերձեսցէ [7] զնա : Եկին երեք Հրեշտակք և առին զմարմինն Եւայի, և տարան եղին ուր կայր մարմին [8] Ադամայ և Աբելի [9] :

48 (43) Յետ այսորիկ խաւսեցաւ Միքայէլ [1] առ Սէթայ և ասէ. Այսպէս Հանդերձեսջիր զամենայն մարդ որ մեռանի մինչև յաւր կատարածի յարութենէն [2] : Զայս իբրև ասաց Հրեշտակն առ Սէթայ [3], վերացաւ յերկինս [4] փառաւորելով զՀայր և զորդի և զսուրբ Հոգին այժմ և միշտ [5] :

[4] Հրեշտակն BC — [5]+ և ասէ B — [6] ուսուց C — [7] Հանդերձեսցին B –եսցեն C — [8] մարմինն BC — [9] Աբելի BC

48 (43) [1] միքաէլ Հրեշտակն B .]իքայէլ C — [2] [.]արութեանն C — [3]+ և BC — [4]+ և այս եղև զմեզ ճանարՀ մաՀու որ ամենայն մարդ զնոյն գնացէ առ արարիչն իւր B — [5]+ և յաւիտեանս յաւիտենից.ամէն B

INDEX OF ARMENIAN TERMS

The Index contains all proper names and selected Armenian words found in the text.

CONTENTS